JN200953

# 復興と民話
## ことばでつなぐ心

石井正己・やまもと民話の会 編

三弥井書店

Contents

# 復興と民話

ことばでつなぐ心


巻頭言　復興を考えるために―忘却・移転・民話―　石井正己　6

## 第一部　復興を支える民話の力

開会にあたって　16
挨拶　庄司アイ
祝辞　菊池卓郎

基調講演　復興を支える民話の力　石井正己　23
一　現代的な課題に向き合う民話の力
二　やまもと民話の会の証言集と伝説
三　民話の思想と中学生の投書の価値
四　関東大震災を書いた小学生の作文
五　井上ひさしが残した「思い残し切符」

シンポジウム　復興を支える民話の力　50
パネリスト　岩本由輝・小野和子・渡邉修次
司会　石井正己
一　慶長津波の記録の再評価など

二　「口碑」「村ばなし」の視点と復興
三　震災を歴史にするために語る
四　参加者からの質問と意見

記録をまとめて　加藤恵子　72

## 第二部　大震災をのりこえ、民話を語りつぐ

開会にあたって　76
坂元子ども神楽
挨拶　庄司アイ
祝辞　菊池卓郎
発起人の言葉　石井正己
発起人の言葉　野村敬子
発起人の言葉　小野和子

山元町の民話を語る　やまもと民話の会　89
狼の恩返し　森博子
座頭橋の話　武田良子
下田沼の大蛇　岩佐知恵
お託井戸　萱場裕子
あたたか山の狐　菅野みさ子

人形の力を借りて民話を語る　星美知子
天下婆ぁ　増澤真理子

## 巨大津波の体験を読む

100
山元町を呑み込んだ第一波　品堀栄洋（代読　岩佐勝）
私の見た地獄絵　武田あき子
洗濯機の中のようでした　伊藤静枝
うわぁ、なんだ、まさか、嘘だべ　岩佐年明
漁師魂を伝えたい　志小田恵子
死者の慟哭に耳を傾けて—合戦原避難所の運営—　椎谷照彦

## 伊達最南端の民話を語る　トライアングルの会

113
鹿狼山の手長明神　新地語ってみっ会　鈴木寿子
新地の浦島太郎　新地語ってみっ会　竹澤永
小鯨・舟越地蔵　新地語ってみっ会　村上美保子
子は清水　丸森ざっと昔の会　松崎せつ子
あまワラビ　丸森ざっと昔の会　笠間みつ
お授けの石　やまもと民話の会　寺嶋重子
奥州日蔭沼片葉の葦　やまもと民話の会　庄司アイ

大津波の記録『中浜小学校物語』　門間裕子　128

フォーラム　あの日から今日までの私
パネリスト　石井正己・野村敬子・小野和子・庄司アイ
司会　小田嶋利江　140

一　今、考えていること、行っていること
二　寂しさを教えられて
三　みなさんの話を聞いて記録する
四　『巨大津波』を編むまで
五　双葉町の子どもの話を読む
六　鎮魂の鐘の建立について
七　「山元町はとても大きいです」
八　子どもたちに伝えなければならないこと
九　語り聞く民話が伝えられること

再び記録をまとめて　加藤恵子　172

エッセイ　山元町の復興に携わって　玉田誠司　174

エッセイ　新地町に暮らして　川島秀一　179

エッセイ　復興と郷土教育資料　大野眞男　183
エッセイ　復興を支える図書館活動　高橋隆一郎　188
エッセイ　海辺のしなやかな復興～日常・異界・対話と賑わい～　長嶋俊介　193
やまもと民話の会のあゆみ　198

**講演者・執筆者紹介**　201

図版・写真
・宮城県「巨大津波」浸水域図　20
・戸花慈母観世音　138
・深山鎮魂の鐘　139

# 復興を考えるために

## ―忘却・移転・民話―

石井正己



### 震災は忘却されやすい――鴨長明『方丈記』

平成二十三年（二〇一一）三月の東日本大震災から、やがて八年になります。被災地には新しい施設が建っている地域も少なくありません。私が毎年、講演に行っている岩手県釜石市には、町中に釜石市民ホールができました。隣の大槌町には、旧町役場に隣接して大槌町立図書館が開館していました。二階には震災伝承展示室があり、震災の様子を伝えています。こうした復興の現状は、地域の方々はともかく、遠くに住む者はそこに行ってみなければわかりません。

一方、この間に次第に高くなってきたのは、「被災地が忘れられる」という声でした。ネット上にはビッグデータが蓄積されているにしても、新聞やテレビの報道はめっきり減り、出版もだいたい一段落したようです。それは、こうしたメディアの情報でさえ経済原理に束縛されているからにほかなりません。その結果、私たちの得られる情報は日増しに貧弱になっています。

思えば、震災の忘却ということは、今に始まったことではありません。八百年ほど前に書かれた鴨長明の『方丈記』は、最初の災害文学と言っていい作品です。元暦二年（一一八五）の大地震は、山は崩れて河を埋め、海は傾いて陸地を浸し、土は裂けて水が湧き出し、岩石が割れて谷に転がり込むという状況でした。「海は傾きて陸地をひたせり」という記述は津波の来襲を表すとされています。

その後も余震が一日に二、三十回ありましたが次第に収まり、三カ月ほどで落ち着いたようです。人々はこの世はつまらないものだと話して、少しは煩悩も薄らぐように見えたそうです。自然災害に遭ってすべてを失った人々が世の無常を感じ、欲望にまみれた考えを反省したのでしょう。しかし、月日が重なり、年を経た後では、地震のことやそれによって世の無常を嘆いたことを、口に出して言う人さえいなくなったと述べます。長明は冷徹なまなざしで、人々の忘却が進むことを指摘しているのです。

改めて振り返ってみれば、平成七年（一九九五）一月の阪神・淡路大震災から二十四年が経ちました。神戸を訪れてみると、町は美しくよみがえっていて、注意しなければどこが被災したのかさえわからなくなっています。すでに被災地と呼ばれることもなくなり、震災の傷跡はすっかり癒えたかに見えます。家族や住居を失った方はともかく、多くの人は一月十七日の報道を見て、かつての震災を思い出すというのが現実でしょう。

## 二十五年後の復興を見る――柳田国男『雪国の春』

昭和三年（一九二八）の柳田国男の『雪国の春』には、「豆手帖から」の中に「二十五箇年後」があります。大正九年（一九二〇）に三陸海岸を旅したときに、『東京朝日新聞』に載せた文章が初出です。明治二十九年（一八九六）の三陸大津波から数えて二十五年後だったので、このようなタイトルを付けました。それはだいたい、私たちが阪神・淡路大震災から過ごしてきた時間に相当することになります。

前半は明治の三陸大津波の話で、唐桑半島の宿（しゅく）の出来事でした。この集落は四十戸足らずのうち、一戸だけしか残りませんでした。残った家でも津波は床上に上がり、浮くほどの物はすべて持って行きました。その上、八歳の男の子が道の傍に店を出すお婆さんの所へ泊まりに行き、「明日は何処とかへ御参りに行くのだから、戻っているように」と迎えにやりましたが、「おら詣りとうなござんす」と言って、永遠に帰って来なかったそうです。

この話をしてくれた婦人は当時十四歳でした。高潮の力で押し廻され、中の間の柱と蚕棚（かいこだな）の間に挟まれて動かれずにいるうちに水が引き去り、岡の上で父が名を呼ぶので、登って行きました。国定国語教科書に載った「稲むらの火」ではありませんが、家の薪を焚いたので、海上からこの火を見掛けて泳いで帰った者もずいぶんいたそうです。

この文章が重要なのは後半です。柳田は宿の他にも、あちこちの荒浜に立ち止まって、故老たちの話を聴いたそうです。しかし、話になるような話だけが繰り返されて濃厚に語り伝えられるが、心から心へと伝えるべき記録は年々その数が減っているという感慨を抱きます。二十五年が経ってみると、親身の者以外は忘れてゆくことが早かったのです。

そして、復興の状況をこう述べます。第一に、元の屋敷を見棄てて高台に移転した者は、よほど前から後悔をしている。第二に、津波に遭った経験を忘れ、食うが大事だと浜辺近くへ出た者は、漁業にも商売にも大きな便宜を得ている。そして、第三に、他所からやって来た者は、津波を知らず、委細構わず勝手な場所に住んでいる。その結果、「結局村落の形は元のごとく、人の数も海嘯（つなみ）の前よりはずっと多い」と指摘します。

これが明治の三陸大津波後の復興の現実だったのです。注意されるのは、「一人々々の不幸を度外に置けば、疵（きず）は既に全く癒えている」と言い添えることです。二十五年後、三陸海岸はすっかり復興したように見えましたが、それは「一人々々の不幸を度外に置けば」という条件付きだったことを見抜いていたのです。

## 高台移転は難しい——山口弥一郎『津浪と村』

その後の民俗学はこうした災害を研究する方向には進みませんでしたが、山口弥一郎は別でした。柳田国男に民俗学を学ぶだけでなく、田中館秀三に地理学を学びました。昭和八年（一九三三）に発生した三陸大津波後、沿岸の集落を訪ね、明治の三陸大津波と合わせて、被害と復興の状況を調べました。その結果、「原地居住」「集団移動」「分散移動」の三タイプがあり、「原地復帰」が問題であることを指摘しました。

さらに、生業と人口が災害や復興とどのように関連をするのかを分析しました。そして、津波による災害を完全に防ぐのは困難でも、軽減するための方法を模索しなければならないと考えました。今日で言えば、減災の発想に通じると思います。その上で、「津浪に関する常識養成、襲来の際の避難方法、防浪施設等を行い、又津浪の災害保険等を設定してその一部の生命財産を保護、助成する外はない」と提案しました。

一方、柳田からは、「研究の意図はよくわかるが、学術的論考気味で、その当三陸の漁村の人々には、目を触れることも少なかろうし、理解も容易ではない。一人の尊い命でも救助を願うのなら、漁村の人々にも、親しく読める物を書いてみてはどうか」と勧められたそうです。学術的研究は世の中の役に立たなければ意味がない、と考えていた柳田らしい忠言です。

柳田の言葉に促されて一挙に書いたのが、昭和十八年（一九四三）の『津浪と村』でした。山口は高台に移転することが最も安全だと述べましたが、現実は複雑でした。商業都市的な地域では高台移転が難しいだけでなく、いったん移転した人が原地復帰してしまう事態が頻繁に見られたのです。山口は、せっかく高台移住をした人がなぜ浜辺に戻ってしまうのかという理由について、経済的要因と民俗的要因から説明しました。

東日本大震災直後の六月、私はこの『津浪と村』を復刊しました。その際、「被災地は漁村ばかりでなく、商工業地域や田園地帯など多岐にわたり、杓子定規の見解は通用しない。高台への集団移住にしても、適地の選定・インフラの整備の前に、経済的基盤を確保し、民俗的感情を理解しなければ失敗することは、山口の研究が証明している。被災地の内発的な復興を考えるためにも、今、『津浪と村』は忘れてはならない著作なのではないか」と述べました。

## 復興を支える民話―やまもと民話の会編『巨大津波』

東京でも余震が収まらない状況でしたが、一方では、福島第一原発の事故によって、多くの方が福島県から出て、困難な避難生活を送っていました。被災者を受け入れるばかりでなく、都内では電力不足の調整から計画停電を実施しており、誰もが混乱の中にありました。しかし、東京で何かできないかと考え、多くの方のご尽力を得て、七月、東京学芸大学で「震災と語り」のフォーラムを開催しました。その直後の八月、やまもと民話の会から『小さな町を呑みこんだ巨大津波―語りつぐ・証言―』が送られてきました。庄司アイさんが「はじめに」で、こう書かれていました。

残った六人、顔を寄せて、今回の震災体験を語りあった時、私たち自身にも悲壮なパノラマを見るごとく、ドラマがありました。「語りつごう」をあいことばに民話をやってきたこと、・・この震災を語りつがなければ、の使命と責任を感じました。

テープレコーダーもない

パソコンもない

向かう机もない今だからこそ、真実を伝えられるのでは・・・と。

自らの津波体験を書くだけでなく、町の方々から津波体験を聞き、避難所の暮らしも書かれていました。困難な生活の中で、「語りつごう」とする意志を「証言」としてまとめ、出版したのです。驚くとともに、頭が下がりました。

継いで、十二月に『小さな町を呑みこんだ巨大津波―語りつぐ―第二集・声なき声に寄りそう』、さらに、翌平成二十四年（二〇一二）四月、『小さな町を呑みこんだ巨大津波―語りつぐ―第三集　鎮魂・復興へ』が出されました。自分たちの住む地域の復興を国や自治体に依存する雰囲気があふれる中で、私が願っている「被災地の内発的な復興」がここにはあると感じました。同時に、私自身はなぜ民話を研究しているのかという根源的な問いかけをせざるをえなくなりました。

そして、「震災と語り」のフォーラムを軸にして、平成二十四年十二月に『震災と語り』を発行しました。継いで、震災を未来へ語り継ぐためにどうしたらよいかを考え、平成二十五年（二〇一三）七月、「震災と民話」のフォーラムを東京学芸大学で開催しました。このフォーラムを軸にして、同年十二月に『震災と民話』を発行しました。その間に、私自身は、安政元年（一八五四）の東海地震・南海地震、大正十二年（一九二三）の関東大震災の現地を訪れ、文献を読んで研究を重ねました。

しかし、時間の経過に伴って、忘却が言われるようになり、同時に、復興そのものも見えにくくなりました。福島県は腫れ物に触るかのように敬遠し、復興の動きから外されて話題にならなくなりました。ボランティアはその後に起こった災害の被災地に動き、研究者は離れていきました。もちろん、新聞やテレビは話になるような話だけは報道しますが、話題はもっぱら東京オリンピック・パラリンピックに移りつつあります。

多くの人が離れていくならば、いよいよ山元町に行くときが来たと考えて、庄司さんに手紙を書いて、平成二十九年（二〇一七）三月、「復興を支える民話の力」をテーマに講演とシンポジウムを行いました。そして、平成三十年（二〇一八）三月、やまもと民話の会の発足二十周年のお祝いを企画し、野村敬子さん、小野和子さんと発起人になって、「大震災をのりこえ、民話を語りつぐ」をテーマに、民話の語りや津波体験の朗読、紙芝居の上演、フォーラムを行いました。

そこで、当日の参加者だけでなく、民話を通してふるさとの内発的な復興を図る山元町のすがたをお知らせしたいと考えました。二回の記録を第一部と第二部に分けて収録し、末尾に五人のエッセイを添えて編集しました。誰もが感じているように、この日本では頻繁に災害が発生し、それも複合化しつつあります。地震・噴火・台風・洪水は、いつ、どこで起こってもおかしくありません。東日本大震災を他人事ではないと認識するところからしか、未来の防災・減災と復興は実現できないはずです。この本を広く読んでいただきたい理由はそこにあります。

参考文献


・石井正己・川島秀一編、山口弥一郎著『津浪と村』三弥井書店、二〇一一年
・石井正己編『震災と語り』三弥井書店、二〇一二年
・石井正己編『震災と民話』三弥井書店、二〇一三年
・石井正己編『昔話を語り継ぎたい人に』三弥井書店、二〇一六年
・石井正己編『復興を支える民話の力』東京学芸大学、二〇一七年

# 第一部

# 復興を支える民話の力

2017年3月25日

終了後の記念写真（敬称略）

後列左から佐藤秀夫・山田和郎・萱場裕子・西内祥久・星美知子・菅野みさ子・寺嶋重子・武田良子・森博子・増澤真理子

前列右から庄司アイ・渡邉修次・石井正己・岩本由輝・小野和子・加藤恵子・島津信子

# 挨拶

庄司アイ

みなさん、今日は大勢この山元町においでいただきまして、本当にありがとうございます。初めにこの席をお借りして、みなさまにお礼申し上げます。

あの忌まわしい大震災から六年になりますが、ずっと、みなさまにはご支援やら温かいお励ましやらをいただきまして、なんとか復興という言葉にこぎつけたんでないかなあと思うのです。

三月で、仮設にお住まいの方たちは、みなさん真新しい復興住宅の方に移られて、新しい生活が始まっております。本当に壊滅的な山元町を応援していただいたことに、心からお礼申し上げます。ありがとうございました。

今日は、こんなふうな形でのすばらしい講演会に、立派な先生方をお迎えすることになったんですけれども、みなさま不思議だと思われていると思うんですね。石井正己先生にしても、先生方みなさんにしても、なぜ私たち山元町がどんな縁でとおっしゃられるんじゃないかなあと思うんですね。

まず、私たちが証言集を三冊、冊子で出したあとに、小学館の方から、「『巨大津波』という大きな本にして、全国に発信したいから」というお話をいただきました。私たちは、「粗末な冊子のままで、地方版でいいんです」っていうようにお答えをしたんですけれども、小学館の方ではね、「いや、全国にみなさんの山元町の証言を届けたい」とおっしゃって、「もう序文は、石井正己先生にお願いしましたから」っていうお話だったんです。そして、この本の序文を書いてくださったことが発端で、その後ずっとこういろいろご指導をいただいておるんですね。

そして、去年（二〇一六）の十二月一日付で、私に手紙が届いたんです。石井先生から、「山元町の今を見てみたい」というお手紙だったんですね。びっくりしました。そして、「図書館の隅っこの方でいいから、語る場所はないですか」って書いてあったんです。それからね、「講師謝礼だとか、旅費など一切いりません」って。

私はびっくりして、その手紙を持って、ここの公民館に走ったんです。そして、公民館長の酒井昭彦館長さんにね、「こういう手紙が来ました」って言って。それから、小野和子先生にいつものように甘えてね、「先生どうすっぺ」って電話をしました。それから、いつもお世話になっている相馬にお住まいの岩本由輝先生やら、やまもと語りべの会の渡邉修次先生に、「どうすっぺ」って言ったんです。みなさん、「なんでも手伝うから、なんでも協力するから、いい会にしましょう」って、むしろ私の方が励まされました。

石井先生が、本当に今日おいでになってくださいまして、ありがとうございます。代表の私はよれよれの婆さんで、やまもと民話の会は七、八人のメンバーでやっています。でも、このことを会のみんなが大きく受け止めてくれて、大きな喜びだったんです。「私たちの会に石井先生が来てくれるし、ご協力の先生方も来てくれる。んじゃ」っていうことで準備を始めたんです。一つの誇りとして、今日の日を迎えたわけです。

私たちは、身近に民話を語り、平凡に過ごしてきたんですけれども、こうしてね、立派な先生方をお迎えでき、光栄です。そして、今日おいでになられた方々にも、心よりお礼申し上げます。実は夕べ、山形の村山民話の会の阿相金彌さまからもお電話を頂いて、「石井先生のお話なら、絶対に聞きに行かなくてないと思うがら」って、今日奥さま同伴でおいでくださいました。また、福島県の南相馬から、そして白石民話の会のみなさま、みやぎ民話の会のみなさま、みなさんが来てくださったこと、本当に心強くうれしく思っております。どうぞ、しばらくといっても二時間とちょっとの時間ですが、ご清聴いただきます。

先生方どうぞよろしくお願いいたします。

## 祝辞

菊池卓郎

改めまして、みなさま、こんにちは。開会にあたって一言、あまり長くならないようにと言われておりますので、簡単にお祝い申し上げたいと思います。

本日は、やまもと民話の会開催の講演会おめでとうございます。

今日は、先ほどご紹介のあった先生方による講演とシンポジウムが予定されています。各分野で活躍されているとともに、山元町にもかかわっていただいている先生方が、ここ山元町にお集まりになり、それぞれ貴重なお話をいただけるということは、この会に参加されたみなさんにとってたいへん有意義なものであると思います。

そして、これを主催されたやまもと民話の会のみなさまはじめ、参加されたおひとりおひとりが今後ますますご活躍されることをご祈念申しまして、簡単ですが、お祝いの言葉とさせていただきます。本日は、おめでとうございます。

# 宮城県「巨大津波」浸水域図

やまもと民話の会編『巨大津波』（小学館）より

# 山元町の浸水域

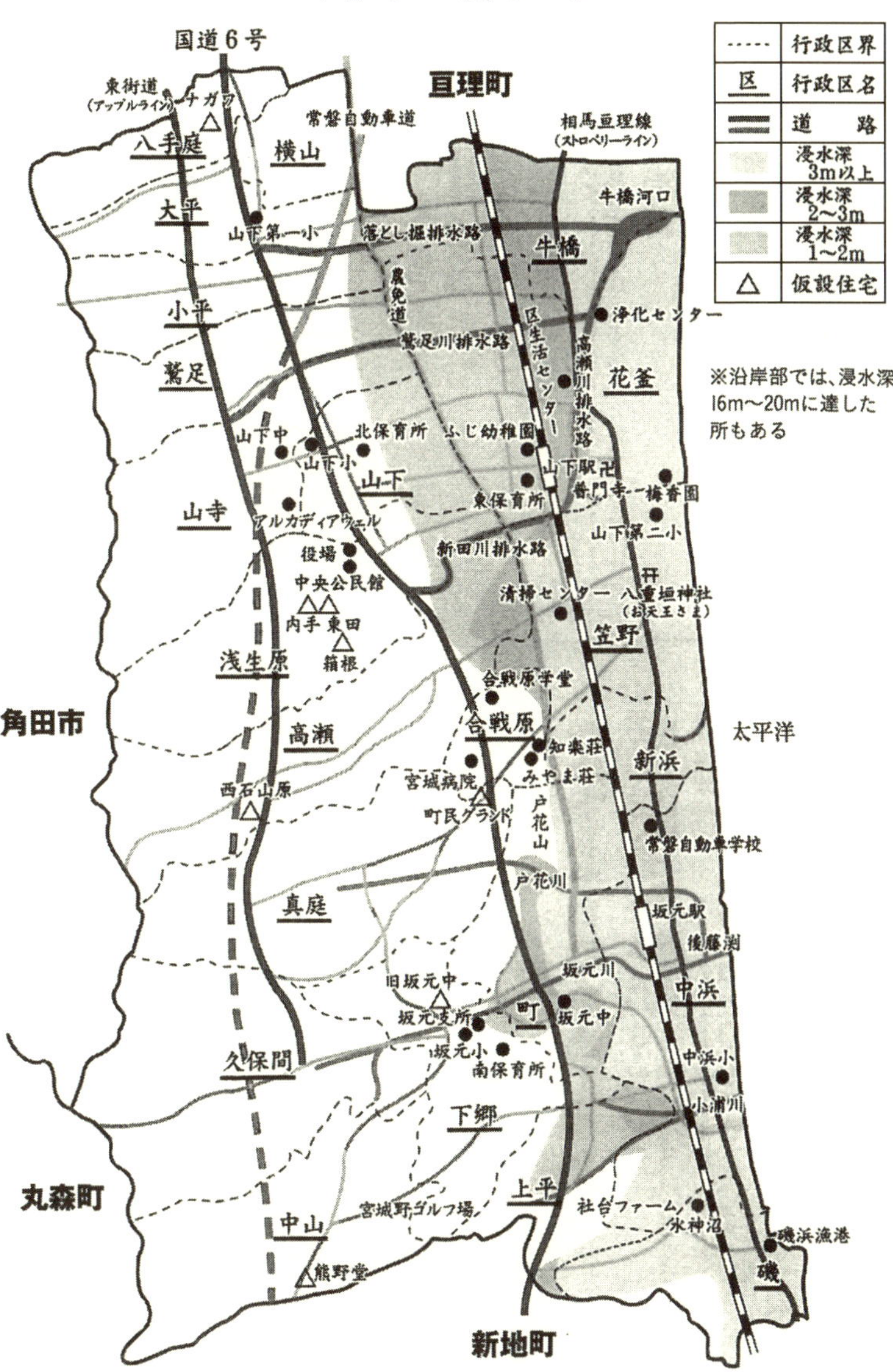


やまもと民話の会編『巨大津波』（小学館）より

21

# 復興を支える民話の力

石井正己

## 一　現代的な課題に向き合う民話の力

今、やまもと民話の会の代表の庄司アイさんから、今日に至るまでの経過についてご説明があり、教育長の菊池卓郎さんからは、励ましのお言葉をいただきました。今日に至るまでのご準備に尽力くださったみなさまに、改めてお礼申し上げます。また、今日はたいへんお日和のいいなか、こうしてお運びくださったご参加のみなさまにも、厚くお礼申し上げます。

東日本大震災から六年が経過いたしました。一万八千人を超える方々が亡くなり、山元町でも多くの犠牲者がありました。この中にも家をなくされた方、あるいは家族を亡くされた方があると思います。その悲しみの中で、六年という歳月を過ごされてきたのではないかと思います。復興という言葉は、響きがいいのですけれども、でも、それぞれの家族の個人的な思いがあり、その中で今日ここに集まっていらっしゃるのではないかと思います。

先ほど、アイさんから経過の説明がありましたけれども、今日は「復興を支える民話の力」ということで、お話を申し上げます。世間の多くの方々は、「たかが民話ではないか」と軽く見ているかもしれません。でも、私は、「されど、民話だ」と思っているわけです。そうした立場から、民話は復興を支える力になるのではないかということを、お話ししてみたいと考えております。

民俗学者の柳田国男の提唱があって、「今、大急ぎで記録しなければ、昔話はやがてなくなってしまう」という掛け声とともに、二十世紀の百年をかけて、日本各地の山に入り、島に渡り、民俗学者や土地の教育者が民話を集めました。その結果、日本には昔話が六万話あると言われていますが、おそらく十万話はあるだろうと言ってもいいと思います。このユーラシア大陸の端にある小さな島国が、世界に誇る民話の宝庫であることが明らかになりました。

確かに、柳田国男が予見したように、この二十世紀のうちに、萱ぶきの民家がなくなり、人々が集まった囲炉裏が消えていきました。ガス・水道・電気が整備され、二十世紀の後半からは、三種の神器と呼ばれるようなテレビ・洗濯機・冷蔵庫が各家庭に入り、便利な生活が行われるようになりました。そうすると、民話の居場所がなくなったわけです。そして、お年寄りが孫に民話を語ろうとすると、「爺（じっ）ちゃ、婆（ばっ）ちゃ、そんな話して」と言われるようになり、民話は新しい時代から置き去りにされてしまったことも事実です。

さらに二十一世紀に入って、国際化や情報化と呼ばれる時代が急速に進んでおります。最近ではパソコンやスマホが生活の中にどんどん入ってきて、若い人々ばかりでなく、多くの人がスマホなしでは生活できないようになっています。そういうふうに社会が大きく変わろうとしていますが、そんな渦中で、今度の東日本大震災は起きたわけです。

柳田国男は、「いずれ、昔話はなくなる」と言いましたけれども、二十世紀の終わりころから、日本各地の人々、特に女性たちが、「これは大事だから、伝えていきたい」と言い、ふつふつと民話の会が生まれてきました。やまもと民話の会も来年（二〇一八）で二十年の歴史を重ねますけれども、そうした伝統ある会の一つということになります。立場は異なりますが、私も、民話を図書館や研究室に埋もれさせず、未来へ伝えていきたいと考えています。

その中で、私は、やまもと民話の会のみなさまから教えられることがたくさんありました。特に、庄司アイさんの「民話は残った」（『小さな町を呑みこんだ巨大津波—語りつぐ・証言—』）という言葉は、それを象徴します。アイさんには、東京学芸大学でも語っていただきましたけれども、「再起の力は、民話からもらっています。民話は優しい。民話は熱い。民話は強い」と語ってくださいました。

私は、二十代前半から、東北地方をずいぶん歩きました。でも、こういう言葉を聞くことはなかったのです。大震災を経験されて、アイさんが、「民話の力」ということを高々と宣言された。私はそれに促されるように、「そうだ、そうだ」と深く自覚するに至ったわけです。

そして、震災や復興だけではなく、この民話の中に潜んでいる力を、私たち研究者は引き出して、「民話にはこんな意味があるんだ」ということを説明しなければならない、と考えるようになりました。民話を生きていく力にしたいという考えが、東日本大震災後はとても意識化されてきました。今日も、その流れの中でお話をしてみようと思います。

震災に限らず、現代的な課題に向き合うために、民話の普遍的な力を引き出したいと考えています。例えば、「いじめ」ということがあります。報道によれば、「福島から避難した子どもがいじめられている」といったことを聞きます。時には、自ら命を絶ってしまう場合もあります。では、民話は、そういったことに黙ってきたのかと言えば、そうではありません。

日本には、「粟福米福」という継子いじめの話がありますし、「お月お星」というような話もあります。『グリム童話集』を見ると、「シンデレラ」もあります。日本人だけではなく、世界中の人たちが、いじめに対抗する力を民話の中で育んできたはずです。「いじめられても、必ず幸せになれる」という思想が、民話の中にはあります。

また、人口減社会になると言われて、自治体も慌てふためいて危機感に襲われています。これまで、故郷(ふるさと)づくりや地域づくりに無関心でしたけれども、東京の下町から郊外の多摩へ向かって、故郷づくりや地域づくりをどうするかという関心が広がり、緊急の課題になっています。東京は全国から人々が寄り集まった新住民の都市ですので、どのように絆を作っていくかということが問題になりつつあります。

そういう中で、少子高齢化の問題が出てきています。では、高齢化に対して、民話は何も言ってこなかったのかと言えば、そうではありません。例えば、「姥捨て山」や「親捨て山」という話の中に、六十歳になった親を捨てに行くときに、子どもを連れて行く話があります。背負って行った親を捨てたときに、子どもが、「そのモッコを持って帰ろう」と言うわけです。「どうしてだ」と尋ねると、「次に、お父さんを捨てる時のためだ」と答えます。これは、インドの『ジャータカ』という、今から二千年以上前の文献にある話です。

ですから、民話というのは、「いじめ」に対しても、「高齢化」に対しても、ある力を持っていて、現代的な課題と向き合うような知恵を内在しています。そういうように考えれば、決して取るに足らないものではなく、これを伝えなければならないという意志は、日本人だけでなく、世界中の人々が持ってきたことに気がつきます。そんな宝物のような民話が、日本にはたくさんあるわけです。

## 二　やまもと民話の会の証言集と伝説

この講演の前に、渡邉修次先生に、中浜小学校をご案内いただきました。この山元町がかさ上げをしながら大きく変わっていく、その復興の歩みを目の当たりにしました。新しく道路ができたり、公園ができたり、建物ができたりしています。私たちは、それが復興だと思い、やがて復興完了を宣言するのかもしれません。

でも、心の復興は、そう簡単にはいかない。ひとりひとりが、なかでも思春期の子どもたちが、この震災を乗り越えていくには、とても時間がかかると思います。その時に、「心を支える言葉の力がとても大事だ」と、私は思っているわけです。特に方言の言葉は、人々を強くつなげる力を持っています。思えば、言葉というのは諸刃の刃（やいば）で、時には人を殺すこともできます。刃物を使わなくても、たった一言の鋭く冷たい言葉で人を殺してしまうことさえできる。でも一方で、優しく温かい言葉で、その人を労り、慰めることもできるわけです。私たちは、このような言葉をかなり意識して使っています。なかでも伝統的な言葉が最も生かされる機会、それが民話だと思っているわけです。

この『小さな町を呑み込んだ巨大津波』は、震災の年の八月に第一集、十二月に第二集、翌年の四月に第三集と、震災から復興に向かうプロセスを追いながら三冊作られてきました。第一集には、「第一集」と明記していなかったので、ひょっとしたら、一冊で終わるつもりだったのかもしれません。それらの三冊を、発刊するたびに贈っていただきました。

私は、民話集を読んで、一度も泣いたことはありませんでした。でも、涙なくして、この三冊を読むことはできませんでした。今日お話しするために、また読み返しましたけれども、涙なくして読み終えることはできませんでした。この中には、たくさんの悲しみがあり、たくさんの喜びがあります。そして、時には怒りがあり、時には戸惑いがあります。そういった思いが率直に語られていると思います。

先ほどご紹介がありましたように、小学館でこれらを一冊にまとめたいというご提案があったときに、私は、そこに巻頭言「語り継がれた貴重な記録」という一文を書きました。震災から二年目のことです。一年が過ぎたころから報道がめっきり減り、復興の遅れが声高に言われるようになりました。被災地のそれぞれの状況は、東京からは見えにくくなりました。六年経つと、三月に入れば、報道が始まりますが、三月十二日で終わってしまいます。

被災地からは、「私たちのことを忘れないでほしい」という声が、繰り返し聞こえてきます。東京ではむしろ、築地移転問題やオリンピック問題の方が華やかで、震災が陰に隠れてしまっているような感じがします。しかし、証言集三冊を読んできた私は、「このイチゴの里、リンゴの里が壊滅的な被害からどのように復興していくのか、それを見つめたい、一緒に歩きたい」と思ってきたわけです。

やまもと民話の会の方々がすごいと思うことに、自らの体験を語る「語る力」があります。これは、とてもつらいことだと思います。そして、周りの方々の話に耳を傾ける「聞く力」、さらにはそれを文章として書き残す「書く力」があります。「語る力」と「聞く力」と「書く力」、これらはたいへんな力です。「重荷を背負いながらも、生き残った私たちがしなければならないことは何か、それは未来にこの証言を伝えることだ」と思われたのではないかと思います。

新聞やテレビでは、震災を報道してくれます。しかし、記事やニュースになりそうなことしか報道してくれません。私たちが本当に伝えたいことは、新聞やテレビで伝わるのかと言えば、私は、はなはだ疑問だと思います。本当の声というのは、自らでなければ表せないところがある。鶴見和子さん（注日本の社会学者で地域住民の手による発展を論じた「内発的発展論」がある）ふうに言えば、「外発的ではなく、内発的な復興が山元町ならば期待できる」と考えたわけです。

この三冊が生まれたのは、奇跡ではありません。やまもと民話の会のみなさまが、常日頃民話を聞き、民話を語ってきた土台がありました。その経験の中で、自分たちのできることは何か、語り聞くことの大切さとは何かを考え、それに加えて、民話の会の活動を知る町の方々の深い信頼があったので、この三冊は生まれたのだと確信して、巻頭言にはそのように書きました。

もっとすごいのは、この証言集の中には、一部ＡＢＣに記号化されている部分がありますが、名前がちゃんと出てくるということがあります。これは、今で言えば、まさに保護されなければならない個人情報です。でも、私は、「生きるということは個人情報でしかない」と思っています。何百人、何千人と言われても戸惑うばかりで、そうした数の中に埋もれてしまうことのできないひとりひとりの生きている姿は、まさに個人情報でしかないので、これをやはり尊重しなければいけないと思うわけです。

「復興や防災を人任せにしない」という、やまもと民話の会の趣旨に大いに賛成して、ぜひこの本を東北地方の被災地の方々だけでなく、日本全国の方々に読んでいただきたいということを書きました。

でも、こういう個人的な体験は伝わりにくいのです。先般中断しましたけれども、ＮＨＫに「ファミリー・ヒストリー」という番組がありました。俳優やタレントの方々が自分の家の歴史を調べてもらうのです。それによって、お父さんとお母さんが何をしてきたのか、父方のお祖父さんとお祖母さん、母方のお祖父さんとお祖母さんがどのように生きてきたかわかります。

私には、祖父と祖母は四人がいて、曾祖父と曾祖母まで遡れば八人がいました。そうでなければ、今ここにいないわけです。それは、みなさまも間違いなくそうなのですが、では、私は祖父や祖母のことをどれだけ知っているのか、曾祖父や曾祖母のことをどれだけ知っているのかと言ったらば、ほとんど知りません。

実は家族のことは、意外に知らないことが多いのです。親が子どもにわざわざ語らないこともあります。そこでＮＨＫが代わりに調べてくれて、「実はあなたのお父さんは、こんな人でした」「あなたのお祖母さんは、こんな人でした」と教えてくれます。その結果、「ああ、そうだったんですか」ということになる。

考えてみると、家族だからこそ話さないということも多いはずです。震災を機会に、改めて家族を思った方はとても多いと思います。「個人体験は伝わりにくいので、それを昔話化したり、伝説化したりしていかなければ、百年後に伝わらないだろう」という思いがあります。

例えば、アイさんは「民話は残った」の中で、引き波で家が流されて行くときのことを、こう語っています。

「私の人生、悔いはない。晩年は民話などをやってて、いい人生だった」、「そういえば、「お諏訪さまの大杉の話、小鯨(こくじら)の話、舟越し地蔵さまの話」、大昔の人が伝えた「大津波」の話だったなぁ。民話を語ってくれた先人たちは「民話の一つ、ひとつに根拠がある」っておっしゃってたことも思いだしました。

ここに見える、「お諏訪さまの大杉の話」「小鯨の話」「舟越し地蔵さまの話」について、ここにいらっしゃるみなさまはご存知の方が多いと思います。みやぎ民話の会の加藤恵子さんが、先般、日本民話の会の冊子に、「「あったること」として語り継ぐ」と題して、アイさんの話を載せてくださっています(『聴く　語る　創る』第二五号)。

「お諏訪さまの大杉の話」というのは、相馬の黒木の諏訪神社にまつわる話です。本殿の上に姥杉があって、古くて大きな杉の木だった。この姥杉の天辺には、鎖が繋いである。大昔、大津波が来て、舟で流されてきた人がこれ以上流されないように、姥杉の天辺に鎖で、その舟を結わえた。その鎖が今もあるが、鎖を探そうとしても、それを見たことはないという。大昔の出来事が今もその痕跡を残して伝わっているというのが、民話の原理ですね。本当に短い話ですが、そのようにして伝えられています。

「小鯨の話」は、海岸から二キロメートル入った所に、小鯨という地名がある。そこに鯨があがって、帰れないで亡くなってしまった。そこで小鯨という地名がついたという謂れになっている。そんなことも教えてくれます。

そして、「舟越し地蔵さまの話」は、福田というところにお地蔵さまがある。津波が来て、地蔵さまも流れてしまうというので、舟に乗せた。その舟が、お地蔵さまを乗せたまま波に乗って、ずうっと上までがって行って、そこで安泰だった。それが今の舟越し地蔵さまなんだと、そう語ってくれます。

実は、私も二十代に三陸海岸を歩いたときに、昭和八年（一九三三）の津波の話をずいぶん聞きました。例えば、山田町に船越半島というところがあります。お年寄りから、「船越って言うのは、昔、津波のときにここを船が越えたんだ」と聞きました。「ええっ本当ですか」って応えたわけですが、そのときは大話じゃないかと思った気がします。まったく信じられませんでした。

でも、実際に東日本大震災が起こってみると、船越半島は陸地から切り離されて、島になってしまいました。「ああ、あの時に聞いた船越という地名の由来は本当だったんだ」と思いました。私は、東日本大震災が起こるまで、その話の真実をつかみ取ることができませんでした。岩本由輝先生が私どもの大学で、「口碑伝承をおろそかにするなかれ」という講演をしてくださいましたけれども、地名や伝説はとても大切なのだと知ったわけです（石井正己編『震災と民話』）。

この山元町には、そうした地名や伝説が豊かにあるわけですから、その豊かな民話をどのように未来に引き継いでいくのかが大切だと思います。「山元町の民話マップ」は、そうしたことを進めるために、大いに役立つと考えられます。

## 三　民話の思想と中学生の投書の価値

一方、昔話というのは、「むかしむかし、あったけど」と始まる話で、「桃太郎」「かちかち山」などがよく知られています。伝説が本当にあった話だとすると、昔話は架空の話だと考えることができます。

昭和四十七年（一九七二）に、山元町の老人クラブ連合会が『民話』という冊子を出されています。その中に、「笠地蔵」の一話が載っていました。男の方が語ったものです。

爺婆が町へ買い物に行った帰りどしゃ降りになる。途中地蔵が雨に濡れているのに気づき、自分の笠を着せて、みやげに買った団子や菓子を供えて帰る。その夜「爺婆はどこだべなあ」と叫ぶ声がして、やがて爺婆の家の土間に何か重いものを降ろす音がする。夜が明けてから爺婆が土間を見ると大きなつづらがあり、中には二人への贈り物が入っている。二人はその後幸せに暮らした。

（『日本昔話通観　第4巻　宮城』）

普通お婆さんは家に残っていて、お爺さんが買い物に行くのですけれども、この方の話では、お爺さんとお婆さんが一緒に町に買い物に行っています。そういう意味では、珍しい話です。そして、雪ではなくて雨で、どしゃ降りになります。寒いのは寒いのですけれども、日本海側と比べて、こちらの太平洋側は雪も少ない。西日本に行くと、雪ではなくて、雨が降っていたと語る話はけっこうあります。

また、この話では、貧しいお爺さんとお婆さんが、たいへんな大金持ちになったというのではありません。夫婦で町へ買い物に行き、お土産に菓子や団子が買えるのですから、一定の暮らしが成り立っている状態です。その上で、お地蔵さまの力によって、さらに幸せを手に入れる話になっています。

実は、一昨年（二〇一五）、山形県新庄市でお話しした、「今、昔話を語り継ぐということ」という講演でも、この「笠地蔵」の話について触れました（石井正己編『昔話を語り継ぎたい人に』）。そのときに会場で紹介したのが、この『笠地蔵様』です。表紙には、秋田県出身の福田豊四郎という画家が、雪の中にすっくと立つお地蔵さまの絵を描いています。凛（りん）とした姿で美しいと思います。

この本は、昭和二十一年（一九四六）の一月に出ています。昭和二十年（一九四五）の八月の敗戦から半年経たないうちに、戦後初めての正月に出された絵本が、『笠地蔵様』だったのです。戦争まで「桃太郎」を中心としてきた民話の世界が、戦後は「笠地蔵」に代わったと、私は思っています。

末尾の「お母さまがたへ」で、昔話の国際的な比較研究を進めた関敬吾が、これは信心深い敬虔な貧しい老翁が、お地蔵さまの力によって幸せを手に入れて、正月を迎える話で、「素朴な信仰を主題とした物語であります」と解説しています。

重要なのは、「苦しい生活の中にも、信仰に生き自ら持（じ）するところがあれば、幸福と平和とが訪れるといふことを、物語に託して子供たちに伝へようとしたものであります」と述べていることです。「苦しい生活」というのは、昭和二十一年の一月ですから、戦争によって荒廃した日本が復興していく歩みを始めたその苦しさを意味します。その中でも、こういう信仰を大事にし、自ら凛として生きれば、それによって幸福と平和が訪れる、というのです。ここに「平和」という言葉が入っているのは、やはり戦後だからでしょう。子どもたちに「笠地蔵」を伝えようとした思想の中に、幸福と平和があると言っているわけです。つまり、私たちの戦後の生き方を教えてくれたのは、この「笠地蔵」だったのだと思います。

やがて、二十世紀の七十年代に入るころから、教科書に盛んにとり上げられたのは、岩崎京子さんの『かさこじぞう』でした。

大晦日、貧しくて年も越せないような老夫婦がいて、お爺さんが笠を売りに行く。笠が売れずに帰ってくる途中で、六地蔵に売れなかった笠を被せ、最後は自分の手拭を被せて帰る。家に帰って、「お地蔵さんに笠を被せてきた」と話すと、お婆さんは「それは良いことをしましたね」と応える。二人が寝ていると、橇(そり)を曳く音が聞こえてくる。ドスンと音がするので、戸を開けてみると、正月の仕度が置かれていた。(要約)

岩崎さんは、大判小判とは言わず、正月の仕度を受け取るだけです。清貧の思想によって、慎ましやかな幸せが手に入るのです。これが多くの教科書にとられていた時期、政治家が、「日本の教科書に「笠地蔵」が採られている。日本が戦後これだけ豊かになったのに、なんでこんな貧乏くさい話を教えるんだ」と批判しました。岩崎さんは「非常に困った」と話してくださったことがあります。でも、民話は強いですね。今、不安定な時代を迎え、お正月を迎えることが困難であるというのは、被災地だけではありません。年末に「派遣村」ができて、寝る場所と食べる物を提供したことが思い出されます。年末年始になれば、かつては故郷(ふるさと)に帰りました。ところが、東京に出てきた人々が故郷との縁が切れてしまい、故郷に帰れず、寝泊まりする場所もなく、食べる物もない。そこで、「派遣村」を作って対応することになりました。「笠地蔵」は、時代を超えて生き延びていくようです。

「雨に濡れているお地蔵さまはかわいそうだ」という昔話の思想は、とても重要です。岩崎さんがおっしゃっていましたが、小学生が読むと、特に男の子は、「ただの石の地蔵で、寒いも暑いもない」

と言うそうです。科学的に言えば、そうかもしれません。でも、お地蔵さまもさぞ寒いだろうと思う優しさ、その優しさこそが幸せを手に入れることを、「笠地蔵」の話は教えてくれるのではないかと思うのです。

こういった話は、山元町老人クラブ連合会の『民話』の中にいくつも拾うことができます。昨日（三月二十四日）の報道では、特別の教科として「道徳」が入ってきて、教科書ができたとしていました。子どもたちにしっかりと道徳心を身につけさせなければいけない、と考えるようになっています。

でも、かつての道徳教育としては、家庭の中で、子どもや孫たちに民話を通して生き方を教えてきたはずです。その伝統が切れてしまったので、学校教育の中に「道徳」という教科を持ち出さなければならなくなったのではないかと思います。かつてで言えば、「修身」ということになりますが、今、日本の社会が不安定になる中で、社会規範が求められているのでしょう。愛国心の問題もあると思いますけれども、これから道徳の授業が本格的に始まります。

話を少し変えてみましょう。実は、小学館の『巨大津波』になるときに、三冊の証言集から落ちてしまった話がいくつかあります。第一集の中にある話で、この場にご関係の方がいらっしゃるかもしれません。当時、十五歳の中学生だった渡辺昌弘君が、『河北新報』の投書欄に送った「避難生活から団結の心を学ぶ」という文章が載っています。彼は今二十一歳、大学生であるか、すでに社会人になっていると思います。たぶん照れると思いますけれども、若い人の文章はとてもいいですね。

東日本大震災が発生し、津波が押し寄せ、町は半壊しました。僕の家は流されました。最初は夢でも見ているんだろうと思いました。でもそれは現実で、受け止めなければなりませんでした。避難生活が始まり、たくさんのことを学ぶことができました。友達とボランティアで手伝いました。配給するときは、ただ手渡すだけでなく、お年寄りだったら途中まで付いていってあげたり、転がりやすいものだったらポケットに入れたりしました。

家族と車の中で寝ました。寒かったのでみんなで協力してシートを巻くなどの工夫をしました。団結することは本当に大切だと思いました。

僕はこの震災に対して恨みと感謝の両方の気持ちがあります。たくさんの人の命を奪った面では、悲しみは募るばかりです。でも、震災があったから、人とはどんなに掛け替えのないものかを知り、団結力とはどんなときでも失うことはないと気付かされました。

彼は、家が流されたことを現実として受け止めなければなりませんでした。そして、被災しながら、同時にボランティアを行うことになります。彼だけでなく、各地の避難所で、中学生や高校生が活躍したと思います。そして、ボランティア活動の中で、それまでの生活になかった経験をし、さまざまな心遣いを学びます。震災に対する恨みと感謝に引き裂かれながら、「団結」の大切さを知ったのです。「人とはどんなに掛け替えのないものか」と言いますが、その「人」というのは「命」ということだと思います。命というのはどんなにかけがえのないものかをまざまざと知ったのです。そして、人と人とがつながることで、困難を乗り越えていくことを、ボランティア活動で気づかされたにちがいありません。彼は震災によって家を流され、「恨み」を持つ一方で、震災によって団結の大切さを知ったことに「感謝」をしているのです。『巨大津波』には入りませんでしたが、すごく大事な作文だと思います。

## 四　関東大震災を書いた小学生の作文

実は、私がこの三年ほど東京で活動していることに、関東大震災のことがあります。大正十二年（一九二三）の九月一日に起こった地震で、相模湾沖を震源とするマグニチュード七・九、震度六の地震でした。震源地が海でしたので、鎌倉などには津波が押し寄せています。十四万人の死者や行方不明者があり、全壊消失家屋は五十七万戸、被災者は三百四十万人という、想像を絶するデータが残されています。日本人が経験した最も大きな災害だったと言うことができると思います。

東日本大震災では巨大な津波がありましたけれども、関東大震災で、なぜこんなに被害が広がったのかというと、最大の理由は火災です。東京の下町がほぼ焼けました。しかし、今、東京都千三百万人の人々が、この九十四年前の関東大震災のことをどれだけ知っているかと言えば、まったく知らないと思うのです。一方で、東京を考えてみると、私は東日本大震災から学ばなければいけないことがたくさんあることに気がつきます。それが、「東日本大震災を他人事にしない」ということにつながるのだと思います。

証言集の第一集の、渡辺昌弘君の作文を読みながら、東京の人々に、自らの住む土地の記憶を知ってもらうには、どうしたらいいだろうか、と考えます。もちろん、九十四年も経つと、百歳を超えた方には経験があっても、もう経験のある人は限られていますので、「頼りになるのは残された資料である」と言っていいでしょう。山元町の民話から離れてしまいますが、聞いてください。

千三百万人に膨れた東京を見ても、先祖代々の江戸っ子だという人は少なくて、戦後の高度経済成長期以降やって来て、今も暮らしている人が多いわけです。従って、関東大震災のことは、どうしても他人事になりやすいのです。でも、首都直下型地震があるかもしれませんし、それに近い地震は確実にやって来るでしょう。その時に、私たちはどうしたらいいのでしょうか。

実は、関東大震災の翌年に書き残された子どもたちの作文があることが知られています。かつての東京市十五区では、三分の二の学校が焼けました。その後、バラックを建てて授業を始めるわけですけれども、子どもたちに、東京市学務課が作文を書かせたり、絵を描かせたり、工作を作らせたりして、翌大正十三年（一九二四）の三月一日から一週間、上野公園で作品展を開いています。一万三千点の作品が並んだと新聞記事に出ています。

その中には、地震に遭った恐ろしさを詳しく書いた作文、混乱の中で家族と永遠の別れをしたことを書いた作文、親類や知人を頼って避難生活を送った息苦しさを書いた作文、東京に戻ってからのバラック生活の大変さを書いた作文があります。また一方では、震災には触れずに、雪だるまを作って遊んだ楽しさを書いた作文、節分の豆まきで「鬼は外、福は内」をしたことを書いた作文、お雛さまの祭りをした嬉しさを書いた作文も見えます。「鬼は外、福は内」の、「福は内」にかける思いは大きかったでしょうね。

そのときの学務課長が、絵画や工作はみんなが見てくれるが、作文は誰も読んでくれず、素通りだと嘆いています。せっかく書いた作文が活かされないと考え、尋常一年から六年までと、高等科の七冊を作るわけです。その中には、二千百八十七名の作文が出ています。これらを新たに文字にして、読めるようにしたいと思い、文京区の本郷図書館と一緒に進めています。研究者には、残された遺産を現代につなげていく役割が求められているとすれば、こうした作文を通して、東京の記憶を呼び戻したいと考えています。

今の東京都墨田区は、かつては本所区でした。わかりやすく言えば、あのスカイツリーのある辺りです。すぐ南には大相撲をする国技館や江戸東京博物館があります。その北側は被服廠の跡地で、陸軍の服を作っていた施設が移転して、公園にする計画がありました。広大な空き地になっていましたので、付近の人々はそこへ避難しました。当時の写真を見ると、大八車に箪笥・布団を積み、馬も逃げています。

ところが、そこに熱風が起きて、あっという間に火災になりました。その一か所で、三万八千人が亡くなりました。関東大震災における死者の三分の一が、一か所で亡くなってしまったのです。なぜそんなことが起こったかと言えば、避難所に当たるような場所が被災したからに他なりません。そうすると、甚大な被害になることを示します。

この三月二十日に、文京区の本郷図書館で、本所区の子どもたちの作文を読みました。緑尋常小学校第五学年の吉田正次さんの「大震災火」を読んでみます。

九月一日、僕が学校から帰って御飯を食べようと思って、はしを取った。其の時であった。俄にグラグラ家がゆれ出した。とたんに、がらがらと瓦(かわら)は雨の如くにおちて来た。ガラスのわれる音なども一時に始まった。ゆれ方は一そうはげしい。

僕等は火鉢などの火をけすとすぐ表へ飛び出した。電車通りはもう一ぱいの人である。しばらく外でござをしいてすわっていた。四方に火の手が上った。いつもすぐ来る自動車ぽんぷも今日はこない。やっと被服しょう跡の前へ出たが、中へはもう入れない。人や荷物で一ぱいである。仕方なしにわきの広場へ逃れた。折から火の為におこった旋風に、人の顔も何も見分けはつかない。瓦やもえた柱が空を飛んで居る。僕等も二三間は飛ばされた。やっと前の河へ飛込んだ。頭へどてらを水にぬらしてかぶって居た。前には、やけた船がある。空は火で真赤である。水は一刻一刻におしてくる。もうどうしてもどうしても居られなかったが、幸いにも風が少しやんだ為に、火も大分弱くなった。何から出たか、まだ火はもえている。砂にくるまっていた。向うでしきりに「助けてくれ助けてくれ助けてくれ」とよんでいる。或は子供の名をよんだり、母の名もよんだりして居る。五六十間先にはやけた死体が何万と横たわって居るのを見るとぞっとする。一夜そこで明かした。父は大阪へいって留守だった。それでも家中母も兄も二人の弟も無事だった事は何よりも幸福だと思います。今年四つの弟が母の背で、「ごめんなさいごめんなさいごめんなさい」と泣きました。アア地震はこわかった。思い出せば思い出す程おそろしいことです。

地震が起きたのは十一時五十八分でしたので、ちょうど昼ご飯時でした。それで、火事が多かったと言われています。この話では、火鉢が生活の中にあることがわかります。九月になると、ちょっと肌寒い日があるのでしょう。私などの経験でも、冬がやってくる前に、押し入れから火鉢を出しました。今では、囲炉裏と同じように、火鉢も説明しないとわからないですね。まずその火を消します。

そして、「四方に火の手が上った。いつもすぐ来る自動車ぽんぷも今日はこない」という一節は重要です。火事が起こったらすぐにやって来るはずの消防自動車がやって来ないのです。つまり、消防自動車が動けなくなっているわけです。今、東京の被害想定では、消防自動車がある程度機能すると楽観していますけれども、おそらくそうはいかず、消せなくなってしまうことがあると考えるべきです。

被服廠跡の中は人や荷物でいっぱいで、もう入れません。脇の広場に逃れると、折から火のために起こった旋風で、人の顔も何も見分けがつきません。瓦や燃えた柱が空を飛んで、やっと前の隅田川に飛び込んだのです。隅田川で亡くなる人がたくさんいました。生き残った人の多くは、着ているものを水で濡らして頭に被っています。この場合も、「頭へどてらを水にぬらしてかぶって居た」とあります。「前には、焼けた船がある」、「向うでしきりに「助けてくれ助けてくれ」とよんでいる。或は子供の名をよんだり、母の名もよんだりして居る」、「五六十間先にはやけた死体が何万と横たわって居る」と見えるのは、壮絶です。「父は大阪へいって留守だった」というように、父親がいない場合はけっこうありました。東日本大震災も昼間でしたので、そんな家庭がいっぱいあったはずです。

そして、「それでも家中母も兄も二人の弟も無事だった事は何よりも幸福だと思います」、「アア地震はこわかった。思い出せば思い出す程おそろしいことです」と結びます。この家は四人兄弟の六人家族でしたが、東京下町は大家族が多かったのです。家族全員が無事だったというのは、本所区ではなかなかなかったことだったと思います。

また、外手尋常小学校第五学年の中村君子さんの「被服廠跡」は、こんな作文です。

二三の友とうちつれて被服廠へお参りに行ったのは土曜の午後であった。

忘れようとしても忘れられない去年の九月一日の大震火災で、三万五千余りの人が悲しい最後をとげられたこの地、殊に私にとっては受持ちの先生や親しい親しい六七人の同級生までも焼き尽くした恐ろしくも又うらめしくもあるこの地。

先ず正面の広場を真直に進んで行くと、突当る所に納骨堂があり、ゆらゆらとお線香の煙が立ちのぼっている。私達は入口で買って来たお花やお線香又おさいせん等をあげてうやうやしく拝んだ。お堂の中をうかがい見ると、真中に大きな卒塔婆が一本突き立っていて、その周囲には大小の美しい花輪が取りまいている。折しもカーンカーンと鳴りひびく鐘の音、いとも物淋しく、いつしか悲しい思い出は泉の如くにわき出るのであった。すぎし一日に夏休みがすんで久し振りに私達の教室で第二学期の心得を話して下さった、あのしとやかな新井先生のおもかげ、なつかしいなつかしいお友達、お人形のように美しく又学科もよくお出来になり、五年で女学校へいくと勉強していらしたあの梅子様の洋装すがたが目の前にうかぶ。心の中で思わず、ああ梅子さんとよんで見たが、どうしてこたえがあろう。せめて安らかなおねむりにつかせられるようにといのりつつ流れおちる涙をぬぐいながら、左へ折れて卒塔婆が沢山に立ち並んで居る所へくると、白骨の山のあった時のことや、秋風に淋しくお花の山をつくって居た頃のことなど震災後のあわれなありさまを思い出さずにいられない。

お参りをすまして元の広場へ来た頃は、太陽も西の端に沈みかけて淡い光を地上へと投出して、私達の長い影をぼんやりとうつしている。

この子は、受け持ちの先生や親しい六、七人の同級生を亡くしたので、二、三人の友達と一緒に被服廠跡地へお参りに行きました。今、被服廠跡地には東京都慰霊堂があり、関東大震災で亡くなった方々に加えて、昭和二十年三月十日の東京大空襲で亡くなった方々をお祀りしています。

被服廠跡地には広場があって、納骨堂があり、その中に入っていくとお花やお線香やお賽銭があげられ、真ん中には大きな卒塔婆があって、周囲には大小の花輪がある。カーンカーンと鳴り響く鐘の音が聞こえ、そういう中で、亡くなった先生や友達のことを思い出し、「せめて安らかなおねむりにつかせられるように」と祈ります。

流れ落ちる涙を拭いながら左に折れて、卒塔婆が立ち並んでいるところへ来ます。そこでは、「白骨の山のあった時のことや、秋風に淋しくお花の山を作って居た頃のことなど震災後のあわれなありさまを思い出さずにいられない」としますす。被服廠跡地では三万八千人が亡くなりましたので、そこで遺体を焼いたのです。白骨の山が積まれていましたが、それが整備されて、半年後には納骨堂に入っていたわけです。

二人の作文を引きました。情報化とか国際化とか言われながらも、私は歴史を顧みて、九十四年前の子どもたちの証言を読み解きたいと考えています。私が生まれ育った故郷である東京という町をどのようにしていくかということを考えるために、「子どもたちの声に耳を傾けてみましょう」と言い続けているのです。そうしたことも、やまもと民話の会の証言集から学んだことがきっかけになっています。

## 五　井上ひさしが残した「思い残し切符」

もう時間ですから、話をまとめなければいけません。実は三月十八日、盛岡にある岩手大学に講演に行きました。この間、何かできないかと考えて、福島・宮城・岩手の各県にも折あるごとに出かけて行って、お話ししてきました。岩手大学には、三陸沿岸の被災地の復興を支援するという、社会的使命があると思いますので、ちょうど、昨年（二〇一六）は宮沢賢治生誕百二十年に当たりましたので、私は井上ひさしの話をしたわけです。

宮沢賢治は昭和八年に亡くなりましたが、井上ひさしは、昭和九年（一九三四）、生まれ変わるように、山形県に生まれます。そして、東日本震災の前の年（二〇一〇）に亡くなりました。実は、震災のあった三月二十五日、二十六日には、釜石と大槌で、井上ひさし一周忌の追悼講演をする約束をしていたのです。

隣町同士ですけれども、どっちが井上ひさしの故郷かみたいな争いもあるので、私のねらいは、釜石の会に大槌の人が来てくれ、大槌の会に釜石の人が来てくれて、一緒に井上ひさしの意味を考えようとしたのです。でも、三月十二日か十三日に、担当者から、「先生、今それどころではない」と連絡があって、私は「はい、わかりました」と返事しました。そんなわけで、釜石ではそれから毎年、年に一回講演をしていますが、大槌ではまだできていません。私はなんとかその機会を持ちたいと思っています。

岩手大学で何の話をしたかというと、井上ひさしは、釜石でお母さんが居酒屋をしてましたので、国立療養所の職員などをして、一時期を過ごしました。柳田国男の『遠野物語』のパロディの『新釈遠野物語』を書いたり、石川啄木の『泣き虫なまいき石川啄木』を書いたりして、岩手県に関わる作品を残しています。その中に、昭和五十五年（一九八〇）に出した『イーハトーボの劇列車』という戯曲があります。宮沢賢治が理想の楽園としての岩手県を「イーハトーブ」と呼んだことにちなみます。

井上ひさしは、『宮沢賢治全集』を読み尽くして、宮沢賢治が東京に上京したのは九回あるけれども、その中から四回を抜き出して、列車に乗る場面と東京にいる場面を劇の中に仕掛けていくわけです。その最後の東京にいる期間が、昭和六年（一九三一）の九月二十五日です。その日に、こんな場面が出てきます。

宮沢賢治と福地第一郎という人が話をしていると、そこに車掌がふっと現れます。福地第一郎の妹が福地ケイ子ですけれども、病気でした。車掌はこう言います。

　福地ケイ子さんの意識がまだ回復していませんので、この「思い残し切符」を兄さんの第一郎さんにお預けします。これは長野の紡績工場で肺結核でなくなった十九歳の娘からの「思い残し切符」です。（ちらと賢治を見て）……あなたにはありません。

細井和喜蔵の『女工哀史』ではありませんけれども、紡績工場に働きに出て、結核になった若い女性が十九歳で亡くなり、その人の「思い残し切符」を持って来たのです。賢治はそれまで車掌から切符を貰ってきたので、こう述べます。

おれも三回ばかり貰いました。……はじめのうちはなんのことだかちっともわからなかった。そこで散々考えた末、このごろようやくこの切符の意味がわかりかけてきました。たとえば思いがけない事故で電気工事夫が死ぬでしょう。彼はとっさに「いま死んだら、小学一年生の末の娘はどうなるのだ。ああ、あの娘（こ）のことを考えると死ぬに死にきれない」と考え、思いを残す。その思いが切符となって、生きている人間に伝えられる。

車掌が渡す小さな切符には、何も印刷されていないわけですけれども、賢治はこう言います。

不幸のうちに死んだ人たちの心の中の様子をようく考えれば、見当はつくんじゃないかなあ。この切符の贈り主は、死際（しにぎわ）にたぶんこう考えたんじゃないかな。「ああ、一日でいいから金持の娘に生れてみたい。そしたらおいしいものを一食だけたべて、きれいな着物を一着だけ買って、それから両親に千円仕送りして、残ったお金でこの工場のそばに病院をたてるわ」なんてね。

つまり、何も書かれていない「思い残し切符」に言葉を埋めていくのは、それを受け取って、生きている人間だということになります。さらに賢治は、「この切符を受け取った人間は、すくなくとも三年か四年は、決して死ぬことはない」と話します。従って、福地ケイ子は生きられます。でも、賢治には「あなたにはありません」というのですから、賢治は生きられません。実際、賢治は昭和六年から二年後の昭和八年に亡くなっています。車掌は、第一郎にも「こちらにもありません」と告げていますので、彼もその後満州国政府の実業部長になったはずですが、やがて亡くなったはずです。

だいぶ話が逸れてしまいました。東日本大震災から六年が経ちましたが、私たちは、多くの方から、「思い残し切符」を渡されているのではないかと思います。ですから、残された私たちは、その中に、「思い残し」が何だったかを想像して、言葉を埋めていかなければなりません。とてもつらい作業ですけれども、それが残されて生きている者の役目ではないかと思います。井上ひさしの戯曲を読むと、そういうことが見えてきます。

やまもと民話の会のみなさまは、震災当時七名、今は八名の会員ですが、「やまもと民話の会あゆみ」のパンフレットには「会員募集中」とあります。ぜひ、「会員募集中」に応えてくださる方が現れてほしいと思います。来年五月に、やまもと民話の会は、発足二十年を迎えます。今日の記録を残して、私はやまもと民話の会のみなさまと二十年のお祝いをして、次の歩みをしたいと考えています。

復興に当たって、やまもと民話の会の力はとても大きくて、「民話が百年後の子どもを助ける」と思っています。「民話が千年後の人々を守る」と思っています。「語り継ぐ」の「継ぐ」というのが重要で、継がないと語りは消えてしまいます。その中で私たちは、この『巨大津波』の本を、百年後の山元町の子どもたちが、「これは曾祖父さん、曾祖母さんのことなんだ」と言って紐解いてくれたら、そこにファミリー・ヒストリーが生まれますし、地域の物語が生まれます。

こうして残された民話の遺産はとても大事な宝物です。でも、それを活かす努力をしなければなりません。今日ご参会のみなさまにお力添えをいただきたいと思います。そして、私自身もこれを未来に引き継ぐために、情報化・国際化といわれる時代の中で、どうしたらいいかということを模索したいと思っています。お約束の時間を過ぎましたので、補足については次のシンポジウムでお話しいたします。どうもありがとうございました。

参考文献


・石井正己編『震災と民話』三弥井書店、二〇一三年
・石井正己編『昔話を語り継ぎたい人に』三弥井書店、二〇一六年
・石井正己編『東京市立小学校児童震災記念文集　本所区特集』東京学芸大学石井正己研究室、二〇一七年
・稲田浩二・小澤俊夫責任編集『日本昔話通観　第4巻　宮城』同朋舎、一九八二年
・岩手大学宮澤賢治センター編『賢治学』第四輯、東海大学出版部、二〇一七年
・岩手大学宮澤賢治センター編『賢治学』第五輯、東海大学出版部、二〇一八年
・日本民話の会編『聴く　語る　創る　東日本大震災　記憶と伝承』第二五号、日本民話の会、二〇一七年
・やまもと民話の会編『小さな町を呑みこんだ巨大津波』第一集〜第三集、やまもと民話の会、二〇一一〜一二年
・やまもと民話の会編『巨大津波』小学館、二〇一三年
・亘理郡山元町老人クラブ連合会編『民話』亘理郡山元町老人クラブ連合会、一九七二年

シンポジウム

# 復興を支える民話の力

パネリスト　岩本由輝・小野和子・渡邉修次
司会　石井正己

**石井（司会）**　それでは、後半のシンポジウムに入ってまいります。

今日は、この山元町にもご縁の深い岩本さん、小野さん、渡邉さんの三人が前に並んでくださっていますので、この順番で、それぞれの現在のお考えをお伺いしたいと思います。だいたい一人二十分と見ておりますす。残された時間で、ご質問やご意見があれば賜りたいと思います。今日はせっかくおいでくださったので、この機会に聞いておきたいことがあれば、お手を挙げてください。お願いいたします。

パネリスト三人のご紹介については、配布しましたチラシに講師紹介がありますので、詳細は省略して、いきなりそれぞれのお話を伺うことにいたします。

では、東北学院大学名誉教授の岩本由輝さんからお願いいたします。

## 一　慶長津波の記録の再評価など

**岩本**　実は、今年（二〇一七）の一月十四日にですね、相馬の方で、庄司アイさんを郷土蔵にお呼びしてお話をしていただいたとき、「今日の日（三月二十五日）はあけておけ」と、そういうご命令がありました。庄司アイさんは、私の相馬の大野国民学校の三年先輩なんです。たいへん偉いんです。もう庄司さんのご命令に背いたりしたら、たいへんなことになるんです（笑い）。とにかくそういうことで本日は参りました。

ただ、相馬から参りました者として言いますと、今、まだ相馬っていうのは復興という言葉を、講演の演題にするっていうのはちょっと厳しい状況にございます。昔の相馬藩領内に福島第一原発がありまして、水素爆発事故ということが起こってるんで、放射性物質の一帯への飛散という問題がある。現在ももちろん、原発のあった双葉郡の大熊町、双葉町、それから浪江町には入れない。浪江町は国道六号線が開通しているから、実際は通れるんですけれども、少なくともそこに入って生活はできない状況が続いております。

それから、相馬郡飯舘村というところは、少なくとも地震の被害はそんなに大きくなかったし、もちろん、海から遠いところですから、津波が来るはずもないんです。ところが、震災後一か月も経って、「お前のところは放射線値が高い」ということで、強制的に全村避難をさせられました。この三月末に一部分、危険区域は残されますが、一応避難解除ということになりました。これまで私はその人たちに会おうとすると、仮設住宅になんか行ったりして、話を聞いてきました。

実は、『飯舘村史』が一九七六年から七九年ごろに出ているんです。全三巻あるんですが、私はその執筆者の数少ない生き残りになってしまったんです。北海道大学のスラブ・ユーラシア研究センターというところがありますが、そこでは、チェルノブイリ原発事故の被害を受けた人たちの調査をやって、大きな成果を挙げてきました。そこが今度、飯舘村の調査に入ったんです。それで私が、たまたま『飯舘村史』を書いていたもんだから、道案内役として引っぱり出されるってことになったわけですけれども、もうその調査も七年目に入っているわけです。

ただ、まだ村の人たちが帰れないままの状況というものが続いている。この三月三十一日に避難解除をしても、もう三十四パーセントの人が、他に家を建てて帰らない。それから、三十パーセントの人が、帰るとは言ってるんだけれども、帰ってもどうしようもない。つまり、今仮設になんかにいて、福島市とか郡山市に住んでいると、それこそ、パートやなんかでちょっと仕事をしようと思うと、仕事があるんです。子どももそこで学校に行けるんです。当時一年生に入った子どもがもう六年生で、卒業です。そういう中でできあがった生活というものがそれぞれあるもんですから、非常に微妙な問題が存在します。飯舘村に帰ると、そうしたことの保証がないんです。私は結構ずうずうしいほうですけれども、そうした人たちを前にして、復興なんて話はまだやれる心境にはなっておりません。

ところで、私は、一九八八年以来相馬に住んでおりますけれども、私は相馬で生まれた人間じゃないんです。一九四四年の三月に相馬に縁故疎開でやって来て、それ以来、相馬に今でも家を持つという関係にあるんです。その疎開してきた家というのが、私の祖父(じい)さんが出た家で、そこにほんのわずかなつもりで疎開してきて、それでそのまま相馬に居ついてしまいました。途中二十一年間山形におりましたけれど、山形大学から東北学院大学に移って、また相馬に住んでいることになっています。ただ、私の疎開してきたところというのが、庄司アイさんの生まれた塚部という集落なんです。

そこで、私は国民学校一年生になったんですけれども、庄司アイさんは、とにかく私の悪餓鬼時代をよくご存じなんです。決していい餓鬼だったとは思っておりません。ただ、最近、庄司さんがあちこちで私のことを褒められるので、恥ずかしくてしょうがない。少なくとも、庄司さんは、私を口碑伝承の大事なことを認識できる仲間だと認めてくださっているようです。

そもそも私が疎開してきた家は、相馬藩の一番北の端っこにあるんです。家から五十メートル行ったところに、今の新地町があった。昔の駒ケ嶺の渋民というところです。そこは仙台藩領の南の端っこなんです。だから、駒ケ嶺の国民学校の生徒たちはそれこそ仙台で、私の方は相馬なんです。同じ相馬郡を名乗っても、駒ケ嶺や新地の人たちから言わせれば、「俺、相馬の殿さまから年貢取られた覚えはねえから、恨みもねえけれども、何の恩恵も被ったことはない。だから相馬郡新地町なんて言うのは、非常に不愉快だ。むしろ言うんだったら、宇多郡新地町って言ってくれ」なんていう雰囲気が今でもまだある。

だから、私が学校から帰って来て遊ぶ友達っていうのは、隣の駒ケ嶺の人が多かった。学校から帰って来て遊びに行き、帰って来るとき、お互いの悪口を言い合うということを、いつもあきずにやってました。我々の方は、「仙台弁ちゃら俺嫌だでや。ほだで、ほでねで、ほでがいん」なんて言ったもんです。駒ケ嶺の連中もね、私たちになんか悪口を言う。悪口を言いながら毎日会うんです。悪口で非常に私の印象に強く残っているのが、「裏切者」って言われたことなんです。これは何かというと、戊辰戦争のときに、相馬がそれこそ土壇場になって、いわゆる官軍側に寝返ったわけですね。それで「裏切者」と言われたんです。

でもこのごろ、私はこの「裏切者」を売り物にして、大いに頑張ることにしてるわけなんです。今日も、「裏切者」を代表してですね、この仙台領の山元町にお伺いしたってわけなんです。ただ、私のかみさんは、この山元町の真庭の入口辺りで生まれているもんですから、まったく縁がないわけじゃないんです。庄司さんは、ちゃんとこちらに嫁がれて、そのまま定着されているんで、たぶん、庄司さんは僕と違うから、「裏切者」なんて言われた覚えはないと思うんですけれども、まあ、とにかくそういうことでございます。

ただ、やっぱり戊辰戦争のときは、いろいろございまして、それこそ、私が今住んでる大坪というところは、仙台藩に焼き討ちされたという恨みを持ってます。もちろん、渋民やあるいは萱谷、高田あたりに行くと、やっぱり相馬の連中が来て乱暴したとか、それぞれの言い分があるようです。それから戊辰戦争が終わったあと、相馬の人間は、官軍として元の仙台領に入って行き、この一帯が角田県と言われていたころ、それこそ仙台領の亘理の連中を、武士の身分を剥奪して刀を取り上げて北海道に追いやった。これが今の北海道の伊達市ですね。それから、白石の人たちに、一部に岩出山の人を加えて札幌にやったのも、相馬の人間が仕切っています。札幌に白石区というのがあります。今そこは二つに分かれて白石区と厚別区になってますけれども、そこでも相馬に追い出されて、ここに来たという話があります。

あるいはまた、夕張の近くに栗山町というところがありますが、そこには角田の人たちが最初室蘭にやられて、あちこち行って夕張の隣に来て、今栗山町になっています。夕張の炭鉱閉山後は、一時夕張メロンで大いに売ったんだけれども、「なんか産地名はちゃんとしたのじゃないといけないから、お前んとこは栗山メロンとしろ」って言われて、値段が大いに落ちたなんてこと言っております。あそこは、実は角田の人たちが入ったから角田村と称していたんですね。そして、戦後、町村合併したときに、当然角田町になるつもりで、住民投票をやったら、なんか富山からきた連中と王子製紙の工場の連中が、駅名の栗山にしちゃったんだと、角田の人たちは、「悔しい、悔しい」って言ってます。今でも栗山町に行くと、角田と南角田という地名が残っています。それと並んで、「字学田」という地名があるんです。それは、札幌農学校、後の北海道大学の演習農場があったところで、「学田」という地名になったという話のあるところです。

こういう余計な話をしていると、与えられた時間が無くなってしまいますが、私は、実は庄司さんから宿題を出されておりまして、「慶長津波」というかなり大きな津波があったんですけれど、慶長十六年の十月二十八日、一六一一年ですから、今から四百年前です。それが現在では非常に小さく扱われている。それを、お前がちゃんと明らかにして持ってきてくれと言われました。『駿府記』という、駿府に隠居していた大御所家康の周辺でいろいろ起きたことを書き留めた記録の中に、「十一月晦日、松平陸奥守政宗献初鱈」ということが書いてあります。この松平陸奥守というのは伊達政宗のことで、徳川家に仕えてる限り、正式の資料には松平でしか出てこない。どこを探しても、伊達陸奥守とは出てこない。これは、伊達家を松平の一族として松平の姓を授けている。前田も島津もみんな貰ってるんですけれども、そういうことです。相馬なんかは、いくら欲しいと思っても、そんなものは貰えない。だいたい、土井利勝なんて言って、それこそ家康の下にいる実権者がいるんです。それの名前の一字を貰って、相馬利胤（十七代当主）っていう名前の殿さまができる。利胤はその前は三胤と書いて「みつたね」です。これは、石田三成の名前の一字を貰っている。相馬って言うのは、家の格っていうのが、その程度の格なんです。言われるほどの格の者じゃないんだと、私は相馬で言っては大いに憎まれるっていうことになるんです。ただ、政宗が初鱈を大御所に届けに行ったときに言った「津波」という言葉は、このとき最初に使われたんだということで、この文書は実は非常に有名なんです。

ところで、私が、昭和十九年（一九四四）の三月二十日ごろに聞いた話があります。なんでよく覚えているかというと、私は、戦争中に疎開で相馬に来た日が三月十三日なんですね。それで覚えてるんです。あのころは、兵隊に行く人たちがいると、集落でもってお百度参りをして、神社巡りをするんです。そのときに、私を連れて行ってくれた私の祖父さんの義理の妹が、岩本はやって言うんです。アイさんは、たぶん岩本チカっていう名前で憶えているんじゃないかと思うんですが、この岩本の家っておもしろいんです。女性の名前、戸籍名は外に秘して、通り名で呼ばれるようにしていたんです。これを疎開して来て知り、本家では変なことやるもんだなあと思ったんです。

その神社巡りのときに、「由輝、昔、大津波があったとき、この銀杏のてっぺんさ、舟つないだんだど」って話をしてくれた。黒木のお諏訪さんの境内です。同じ話は、岩崎敏夫が相馬女子高の生徒に聞いた話をまとめた『相馬伝説集』にあるんです。これは、たぶん、庄司アイさんの同級生の桃井タスさんあたりがこの話を岩崎先生にしたのが載っているんだと思います。私は、そんなことで、ここら辺りにも津波が来たということを聞いていたもんだから、高等学校のころ、毎日自転車でそこの側の道を通ってましたが、通るたびごとに、昔ここに津波が来たって伝説あんだよなって思っていたんです。ところが、この度ほんとに津波が起こって、そこまでは来なかったけれども、やっぱり浜通りあたりは、けっこう大きい津波にみまわれたんだってことを再認識しています。

ところで、先ほど「津波」って言葉は、政宗が本多正信に伝えた話の中に出てくるって言いましたが、それが、「津波」という言葉の使い始めっていうことで、『駿府記』のこの政宗の記録は非常に有名になったんですね。ところで現地の資料を見てまいりますと、相馬の方では、中村藩相馬氏の菩提寺の曹洞宗小高山同慶寺の記録の中に、「慶長十六年辛亥十月二十八日生波上ル」とあり、「生波」と書いてあるんです。そこでは、どうも「きなみ」と呼んでいたらしい。ところが、仙台藩領の宮城郡多賀城村の慶長年間以来の津波のことが書いてある記録には、「血波」とあります。そのころ「ちなみ」とか、「きなみ」とかと言っていたことがわかります。そして、東北弁では、「ち」と「き」と「つ」っていうのは発音がなかなか区別しにくいから、政宗がもしかすると、「ちなみ」と言ったのを、本多正信が「つなみ」って聞いて「津波」と書いたのが、どうも「津波」の始まりじゃなかろうかと思うのです。

それでは、「津波」という言葉が使われる以前は、どんな言葉が使われていたかと言うと、貞観の津波なんかは、いろんな字で書いてあります。その後一般的には、「海水暴溢（かいすいぼういつ）」という文字で津波が記録されている。公的な文書では、「海水暴溢」っていう言葉が使われていることがわかります。「暴溢」というのは洪水のことですから、「海水の洪水」ということになりますね。

ところで、この政宗の記録、あるいは、スペイン人の航海探検家のビスカイノは、この慶長津波の時に、越喜来（おっきらい）の沖、今の岩手県の大船渡市の三陸町の沖で遭遇してるんですね。そういう形で慶長津波っていうものは取り上げられている。仙台藩の公的な記録に載せられている。そして、それが一般的に、『理科年表』なんかでも採用されていて、例えば、一九七一年版でも「岩沼付近で家屋皆流出云々」という形で出て来る。それが、一九八七年版以降になってくると、岩沼なんかに津波が来たことの記述がなくなってしまいます。それまで岩沼に来た津波はどこに行ったのかということになってくるわけです。これは「千貫森」という、岩沼の南長谷（みなみはせ）の千貫神社まで津波が来たという伝承があります。この千貫森の松には舟を繋いだっていう言い伝えが、これは政宗の話の通り出て来ます。非常におもしろいのは、黒木のお諏訪さまもですね、それから千貫神社もですね、私の所縁から言うと、黒木のお諏訪さまは、私の家から南に一キロ、それから千貫神社は、私の三男が今岩沼の北長谷に住んでいて、そこから一キロばかり南の方に行ったところにそれがある。この資料の千貫神社の写真は、私の三男が撮ってくれたんですが、こんなふうな縁を感じるんです。

ところで、もう時間がないので、渡辺偉夫（ひでお）という気象学者の「慶長津波の見方が変容するさま」を見てください。少なくとも一九八五年版の『津波総覧』では、ほとんど政宗の表現を借りてやってるんですけれども、ところが、一九九七年版を作り直したときには、もうそれが無くなってしまって、しかも、津波の被害というものも非常に小さくしちゃった。しかも仙台湾辺りでは、潮があがって、二、三年米が取れなくなったという書き方になっています。そのために、科学的には、慶長の津波は取るに足らなかった。ただ政宗が法螺を吹いて、この津波を大きいものにしていたということから、科学的に言うと、慶長津波は、少なくとも言われるような形では存在しなかったという説が、だいぶ横行した時期が一九九〇年代にありました。「津波」という言葉の使われはじめということで有名であった『駿府記』の、そのくだりが政宗の法螺話になってしまったのです。それが、今度の津波でもって、政宗の話を法螺といったことがすっかり覆されてしまったことになるわけです。口碑伝承をおろそかにするなかれと、私が強調するゆえんです。

なお、福島原発のある町にも、津波伝承がありました。それは活字になった記録ではないんです。大正二年（一九一三）ころに作られたガリ版刷りの『双葉郡郷土誌』の中に、大野村っていう、今の大熊町の西部の方です。

そこに、魚畑（いおばたけ）カラカヒ森なんていう話が出てきます。それから、隣の新山村、今の双葉町にある前田の稲荷神社の境内にある杉の天辺に魚がすんでるって話、これも津波関連の話なんです。とにかく後で原発の造られるところに大正二年ころには、少なくともこういう津波が来たぞという形で記録されているのです。特に、先に挙げた魚畑カラカヒ森の方は、大野村の大字野上っていうんですけれど、常磐線の鉄道線路をはるかに越えたところまで、魚が取れるくらい海水が入ったってことなんです。ですから、今の原発のあるところも当然波をかぶっているはずなんです。

それともう一つ、「御舟地蔵（みふねじぞう）」っていうのがありまして、これは新地町福田の地蔵森のことですけれども、それがそこのご神体です。ご神体が地蔵というのも奇妙ですが、このお地蔵さん、何回も津波に追われちゃあ、どんどん今の地蔵森山まで移って来たという話で、これけっこうおもしろいんですね。新地では、昔、八千山（はっせんやま）というところに津波が来たという記録があります。今回の津波で流された前の新地駅の仙台寄りの方の切り通しのところに、八千人が登って、助かったという話があるんです。そのあとにもっと奥の小鯨（こくじら）（新地町福田字小鯨）に津波が来た話とか、舟輪沢（ふなわさわ）（新地町福田字舟輪沢）にも津波が来て、最後にこの山に登ったという話になってます。この「御舟地蔵」は、新地では「みふねじぞう」と言っているんですけれども、「船越地蔵（ふなこしじぞう）」などとも言っています。

みなさんもご存知の方だと思いますけれども、宮城県伊具郡丸森町大内の鈴木悦郎さんですね、彼がこの話を改めて今度してくれたんですね。今度の震災の後、鈴木さんからご丁寧な見舞いの電話が私にかかってきて、「先生のとこ、大丈夫でしたか」と言うことで、「私のとこは、三十メートルほどの丘の上で、その丘の下の五百メートル手前ぐらいまで波は来たけれども、家あたりは無事でした。ところで、そちらはどうでした」って聞きました。私は、津波じゃなくて、地震はどうでしたかというつもりで聞いたら、「いやぁ、私たちのところは、昔から地蔵森の船越地蔵に守られてるもんだから、津波の心配はないんだ」って、大真面目に言われたのを聞きまして、「ああ、なるほど。そういうことが、丸森の方では言われているのか」という認識をいたしました。もう、私に与えられた時間は参りました。

慶長津波に関することは、そんな形で一応まとめてまいりまして、庄司アイさんからの宿題にお応えしたつもりですが、まあ、合格点が貰えるかどうかはわかりません。そんなところです。

**石井**　宮城・福島の現状から、一六一一年の慶長の津波、そのときに、「血波」「生波」「津波」という言葉が使われたという。それが過小評価されていることに対する見直しが始まったそうです。伝説をめぐる見方についても、お話がありました。

ご質問の方は後でお受けすることにして、次にみやぎ民話の会顧問でいらっしゃる小野和子さんからお話をいただきたいと思います。

## 二　「口碑」「村ばなし」の視点と復興

**小野**　私は、やっぱりこの震災からとても大きなものを学びました。私は、細々とあちこちを訪ねて、民話を記憶しておられる人たちから話を聞き、それを記録するということを、みやぎ民話の会の仲間と一緒に、五十年ほどやってきた人間なんです。民話というものに惹かれて、そういうことをやっていたにすぎないと言ってもいいんですが、この名もなく誠実に生きてこられた山陰（やまかげ）や漁村の人々が胸に持っている物語のすばらしさにいつも心打たれてきました。それから、生活に対する非常に強い力と知恵と自信のようなものにも心打たれてきましたので、民話と一緒にそういう話も一生懸命聞いて記録してまいりました。

そうしておりますうちに、人々の語られる民話をなんとか多くの人に直接聞いていただく機会を作りたいというふうに願って、「みやぎ民話の学校」という学校を開いて、そして私たちが出会ったあっちの村やこっちの町の語り手をお招きして、そして民話を語っていただき一晩、二晩過ごすという、とても充実した学校を開いておりました。

二〇一一年の七月も開く予定でおりました。特にそれまではずっと県の北の方を中心に語り手の方に来ていただいていたんですが、二〇一一年の夏に開こうとした民話の学校は、県の南の方の語り手の方をお呼びしようと思って、実はその中には、庄司アイさん、それから隣の新地町の小野トメヨさんとかそういう方々も予定して、民話の学校を開くことにしておりましたところに、三月十一日に震災に襲われたわけです。

あまりの大きな災害に、私たちもうろたえてしまいました。「今年は民話の学校を開くのは難しいんでないか。会場を設定しても、他県から来てくださる方の交通の足が保証できるかどうかもわからない。そういう中で、今年は民話の学校をやめましょうね」というようなふうに、一度は私たちは心を決めておりました。

そういう私たちを励ましてくださったのが、実は被災された語り手の方々だったんですね。今名前をあげました新地町の小野トメヨさんは、大正十三年（一九二四）生まれの方です。「観海堂」という、日本最古の小学校の近くに住んでおられて、その「観海堂」で、子どもたちに民話の語りもされていた、私も大好きな方だったんですね。

震災の後、どこへ行かれたかわからないでおりましたら、息子さんが心配して東京に連れていかれたらしいんです。東京の青梅の息子さんのマンションにいて、そこから手紙をくださいました。ご無事だってわかって、とってもうれしかったんですけれども、そのトメヨさんのお手紙の中に、こんな一節がありました。これはトメヨさんに了解を得ているので、ちょっと読ませていただきますと、

「郵便が届いておるよと、封書のお名前を見ただけで、うれしくてうれしくて、封を切らないうちから涙がこぼれて、今まで我慢していた涙が堰を切ったように、泣けて泣けて涙が止まりませんでした。それから続けて、失ったすべてのものが戻ったような気がしました」

民話にかかわる者から手紙が届いたことを知って、失ったすべてが戻ったような気がすると書いてありました。ちょっと省略しますが、

「私には民話があるのだ。生きてる限り、私は民話で頑張ろうと、自分で自分を励ましました」

この手紙は四月六日付なので、震災から一か月も経っていないのですが、それまで泣けなかったって言うんですね。民話につながる者から手紙が来たときに、「ああ、自分に民話があった」と思ったら、涙があふれて止まらなかった。そして、その後、トメヨさんは、東京から帰ってこられたんです。そして、新地の仮設住宅から、集会所や小学校やいろんなところに行って、民話を語り始められました。もう八十も半ばだという方だったんですね。

それから、庄司アイさんとは、震災後、訪ねて行くことが難しいもんですから、よく葉書でやり取りをしておったんです。アイさんの言葉で、私の胸に宝物のように残っている言葉があります。それは、

「形あるものはすべてなくしたけれども、気が付いたら胸に民話が残っていました。これを命綱にしていきます。よろしく頼みます」

って書いてありました。「形あるものはすべてなくした」、これは津波で被災された方の胸にあったことの一つだったと思います。トメヨさんもすべてを流されなすったんです。

「話は形がないけれども、胸に生きている財産であった。これを命綱にして生きていくから、よろしく頼む」という、このような尊い言葉をいただいて、私は、形のない言葉にすぎないという、しかも、「しょうもない女子どもの寝物語さ」なんて、時には軽蔑の目で見られることがある民話が、このように人を生かす力を持っているということに驚きました。

そして、おふたりだけでなくて、他に仙台の隣の閖上で、妻と家をなくされた大正十五年(一九二六)生まれの鈴木善雄さん、塩釜の浦戸諸島の一つの寒風沢というところで、やはりすべてを流されなすった土見寿郎さんという大正十四年(一九二五)生まれの方、それから志津川で被災された仲松敏子さんは昭和十七年(一九四二)生まれ、高橋武子さんは昭和十三年(一九三八)生まれ、この六人の方に来ていただいて、そして、「あの日を語る民話の学校」を開いたんです。「むかし、むかし」ではなくて、民話の語り手であった方々が語る「あの日」を、みなさんに聞いていただこうという学校にいたしました。

そして、六人の方に、それぞれにつらい体験を語っていただくことになったわけなんですね。無理をお願いしたにもかかわらず、どの方も、「役に立つんなら語るよ」と言って、気持ちよく引き受けてくださったことが忘れられません。閖上の鈴木善雄さんは、奥さまも亡くされたんですけれども、「気が重かったんだよ」って、後では言われました。「でも、みんながお前の悲しみを半分こっちへ寄こせって顔して、食いつくように聞いてくれたので、おれは元気が出た」って、こういう言葉を、後に言っていただいたのも忘れられませんでした。

つまり、民話っていうものは、こんな働きをしてくれていたんですね。そして、そのときには、全国から二百人ほどの方が参加してくださいました。その方々が言われた言葉、あるいはアンケートに応えてくださった人の言葉の中で、私が忘れられないのは、「あんなつらい体験をされたのに、あの方々は、まるで民話を語るように語られた。本当にびっくりした」と。

実は、笑い声さえ時々起きたんですよ。アイさんの話も、今ここで再現したいくらいで、時間がないので省略しますけれども、流される中でのおもしろい話をして、みんなを笑わせたりしながら、「あの日」を語ってくださったんです。みなさん同じでした。

そして、「民話を語るというような営みを細々と目立たない形で、どこかでしておられる人っていうのは、直面した悲しみを語るときにも、自分の体をくぐらせながら、何か一つの物語のようにして語っていかれる。そのことに、語るということが持っている力を私は感じました」と、こんなふうに書いてくださった方もありました。

ここには、民話の会に所属しておられて、民話を語ろうとしている方もたくさんいらっしゃると思いますが、みなさんが語ろうとする民話が、みなさんの中にそういう力を蓄えてくれている、そういう尊いものなんだということを、私はそのときに、教えられたのでした。

そんなふうに民話に長く携わりながら、私自身がもう一度民話を振り返る機会をいただいたのが、あの大きな震災でした。震災の後ですね、私はあちこちで津波がどんなふうにして語られていたかを探し求めるようになりました。

女川（おながわ）に岩崎としゑさんっていう、明治四十年（一九〇七）生まれのすばらしい語り手がおられて、これは、作家の松谷みよ子さんが、後に『女川・雄勝の民話』という一冊にまとめられました。松谷さんは、その岩崎としゑさんに惚れこんでおられて、よく東京から足を運ばれました。私が地元にいたので、二、三度はお供したり、あるいは私一人でとしゑさんを訪れたこともありましたが、そのとしゑさんの語りが、一九八二年に松谷さんによって、立派な一冊になりました。それを紐解いてみますと、ちゃんと津波の話が入ってるんですね。昭和八年（一九三三）の三陸津波の話、それから昭和三十五年（一九六〇）のチリ地震津波、それから大島で語られる「導き地蔵」の話などもちゃんと入っておりました。そして、昭和八年の三月三日、折しも桃の節句に来た、あの津波のことについては、

「その六つになる女の子がね、いい着物を着せてもらって、お化粧してリボンつけて昼間過ごしていて、さあ、寝るから脱ぎなさいって言っても、どうしても脱がなかった。「このまま着たままでいい」って言って、親たちも仕方なく綺麗な着物を着せて、紅もさしたまんまで寝かせたら、その夜の津波でその子は流された。そのきれいな着物を着たまま見つかった」

というような話が書いてありました。

その岩崎さんの語られた話だけではなく、例えば、

私どもみやぎ民話の会が出しております「みやぎ民話の会叢書」の中でも、志津川の山内郁さんという方の話を取り上げて、一冊にしてくれた仲間がいますが、そこにも、ちゃんと津波の来たところの地名を語るものが、三つか四つあるんですね。例えば、「残谷」という名前は、津波が来たときに逃げて、そして、そこまで津波が来ないために残ったとこを残谷と言って、ここまで津波が来ないという地名になっていたりですね。それから、「越えず峠」と言って、その峠に立っていたら、津波は足元まで来たけれども、去って行ってくれたとかっていうふうに、小さな地名の由来のようにして、非常にはかない形で残っているものを、仲間が拾ってくれました。

それだけではないですね。アイさんが隣町の荒保春さんにお会いして、保春さんから聞いた話を『荒保春の昔ばなし—伊達最南端に語りつぐ—』にまとめております。それはある夏、「みんなで一緒に民話を聞きましょう」と行ったときに、私とアイさんと、もう一人の仲間と三人のチームだったと思うけれども、そのとき、初めて保春さんにお会いして、保春さんからお話を聞き始め、アイさんは家が近くでもあるので、その後、熱心に保春さんの話を聞いて一冊にされました。保春さんという方は、新地町福田に住んでおられましたから、『口碑福田史』という本を十冊以上、一人で出しておられて、あちこちの巷で語られている一種の世間話的なものや、何かの名残をとどめるようなものを「口碑」と名付けて、書いておられた方でもありました。

先ほど言いました松谷みよ子さんも、本の中で、津波の話は「村ばなし」と言って、位置付けておられるんです。おわかりでしょうか。いわゆる「むかし、むかし。あるところに……」というお爺さん、お婆さんの話としてではなく、実際にあったこととして語られた、事実に近い、あるいは世間話的と言ってもいいでしょうか、あるいは言い伝えって言ってもいいでしょうか、とにかく「むかし、むかし。あるところに……」と語られる、いわゆる昔話と一線を画して「村ばなし」と名付けておられました。

それは、荒保春さんも同じだったことを私は今思い出すんです。「むかし、むかし。あるところに、お爺さんとお婆さんがいました」という、フィクションとしての昔話の世界とは一線を引いて、暮らしの話の中にあった、ほんとの話の出来事のようにして、それを語られた。多くは、民話集ではそういうのは取り除かれるのですけれども、松谷さんは、それを「村ばなし」と囲って、ちゃんと残しておいてくださったし、保春さんは、「口碑」という形で、アイさんに手渡していってくださっているような気がするんです。

アイさんたちが出された『巨大津波』の本については、私もほんとに感動いたしましたね。それぞれの集を語るといろいろありますが、中でも私は、このアイさんたちの二番目の集、『語りつぐ—第二集　声なき声に寄りそう—』にありますが、ここで、「消えてしまった文化財」についての掘り起こしをしておられるんですね。今、津波で消えてしまった、なくなってしまった村の名残について、追求されておられる。私は、ほんとうにすごいと思いました。つまり、復興ということは、新しいものを作り出していくことだけではなくて、かつてそこにあったけれども、今は消えてしまったものを、もう一度洗いなおして手元に取り戻していくっていう、この作業が復興の大切なもう一つの姿ではないかと思うようになりました。

そして、私自身も、私の仕事として、その後、閖上に行って、漁師さんや被災された多くの方に、仲間と一緒に話を聞いて、『閖上—津波に消えた町のむかしの暮らし—』をまとめました。これをまとめるとき話を聞かせてもらいますが、みなさんやっぱり、昔のことを言われるんです。「昔、こうだったの」「昔、こうだった」って言う。それは無意識のうちに、失ったものをもう一遍取り戻そうとするものです。それについて復興への積極性がないという言い方もあるかもしれません。しかし、実は、私はそれは非常に積極的に生きる力づけではないかと思うんですね。そして、そのことをアイさんたちの本に教えられながら、私もやらせていただきました。

復興という営みはなにか新しいものを生み出していくことではなくて、遠い先祖の昔から脈々と続いてきた人々の暮らしと、生きる強い力を限りなく再発見していくことではないだろうかと、これは、私の実感なんです。「復興ということは、過去の再発見の営みである」、このことであれば、あなたもできるし、私もできる。誰でもができることなんですね。つい隣の人に聞き聞きしながら、その人がかつて築いていた暮らしの様子、そのようなものをもう一度再現していく。それを、いっぱい並べていくことによって、人々が前へ進むことができる力を与えてくれるのではないかという気がいたしました。

そして、閖上に続くもう一つは、『双葉町を襲った放射能からのがれて—わたしたちの証言集—』です。今日は、これを一緒に作った目黒とみ子さんが来てくださっておりますけれども、双葉町から逃れた人たちの、日々の率直な言葉を綴ったもので、「むかしむかし」の物語ではありません。今直面している自分のことを語ったものです。

今直面している自分のことを語るということは、もしかすると誰にでもできるんじゃないかと思います。

そして、自分のことのみならず、自分の身近な、おひとりおひとりから今生きていらっしゃることを形成する土台を見つけていただいて語ってもらって、それを記録していくというような、「形なき言葉による記録の積み重ね」ということを、私は、私自身の復興の足並みに加えていきたいというふうに考えております。

**石井**　二〇一一年七月に南三陸町で開かれた「あの日を語る民話の学校」から、復興を支える民話の記録のあり方までお話しくださいました。みやぎ民話の会は、やはり仙台にあって、宮城県の民話をコーディネートしていく大事な組織です。今日お見えですけれども、加藤恵子さんや小田嶋利江さんをはじめとする方々が、県内はもちろん、福島まで隈なく目配りをされて、民話の息吹を見出されていることがよくわかりました。「生きていることの土台」っていう言葉で結ばれましたが、その意味を一緒に考えたいと思います。

では、次に、やまもと語りべの会代表である渡邉修次さんにお話をお願いします。

## 三　震災を歴史にするために語る

**渡邉**　みなさん、こんにちは。山元町にようこそおいでくださいました。

私は、震災当時、山下中学校で校長をしていました。卒業証書を午前中に渡して、午後、生徒たちは帰宅していました。小学校は六時間目の授業中でした。そのとき地震が起きたんです。山下中学校の生徒四人を亡くしました。私の家も全壊をしておりましたけれども、約四か月間、避難所運営をするということで、職員室の床で寝泊まりしました。観光協会もなく、語りべのニーズはあるものの、個人的に活動していました。町全体の正確な震災データの情報を広く提供しなければ、また苦い経験をさせてしまう、その亡くなった生徒四人のために、語り継ごうと決めました。それが山元町民のため、先々の子孫のためになるという思いで、今も努力しています。

私と山元の民話のつながりを考えますと、実は私の祖父は、青年団に入っていて、その後老人会に入り、山元町老人クラブ連合会の『民話』の冊子を作った中に、萩野冨助が語った話が入っているんですね。それが、私の祖父です。十四代目の青巣稲荷神社の神主でした。子ども心に、私も神主にと思ったものでした。でも、別の道を選択した私の父は、山下第二小学校の校長で退職し、私も教職の道に入って、山下中学校で退職をしました。

そして、定年退職が一年後だというあの日、地震が起きました。ですから、私は、語りをした祖父さんの孫として、自ずと生きたいと願っている若者たちのことを語ることが私の責務と、そう思ったんです。山元町をピンポイントに案内するんじゃなくて、山元町をまとめて案内しよう。そうすることで、この災害のことも歴史の一ページに加え、今語っています。

山元町の被害がどうなっているか、もちろん被災者はわかりませんでした、情報も報道も入ってきませんでした。通信手段の途絶による情報不足に陥り、情報収集自体ままならない状態だから、こちらから発信しなければならないと思い、山元町の名前でみんなの顔を出すことによって、山元町のみんなが頑張って生きているということを知らせたいと思いました。それが、避難所運営をする私の考えでした。

七百五十名が避難所にいました。被害にあった体育館ではなくて、教室等にグループごとに入ってもらったのは、犬のいる家族も猫のいる家族もあるので、犬も猫も家族と考え、生活を一緒にしていこうという思いからでした。そういうことを、今後の避難の話題として語っていきます。

百六十年間、大きい地震がないと言われている南海地震や東海地震。また、関東大震災の十年後に、昭和三陸地震が起きています。この東日本大震災は、その震源域の連動で、将来首都圏に、そして東南海に巨大地震を発生させるのではないかと、国土交通省（中央防災会議）の資料でも予想されているんです。

ですから、私たちはここで語り継ぐだけでなく、防災・減災のために、全国の方にも関東の方々にも講演に出向きました。今まで六十回、九州やその他、静岡・京都・東京などさまざまなところで講演をさせてもらっています。

やはり、「自分の命は自分で守る。まずは、頭を守る、足を守る。そして、自分の命をつなぐことによって、他の人を助ける」、そういうことを、子どもたちに教えていく。私が苦悩したことをみなさんに体験してほしくないので紹介し、山元町を語ることで、この大震災が歴史の一ページになると考えて、今活動しています。

中浜小学校も常磐自動車学校も旧山下駅が新山下駅に移ったのも山元町、そんなことをピンポイントではなく、一つの出来事として凝縮して、広く深くみんなに伝えていく。そして、地域の人たちもわかる。また、全国の人達に発信するということで私はやってきたし、これからもやっていきたいと思っています。

中浜小学校の当時の校長は、「中浜小学校は、児童五十九名。震災のとき、一、二年生は校庭で遊んでいた。担任の先生が指示して、教室に入り、三年生以上は授業中。十分で津波が来る状況で、その後にすぐ停電になった」と語っています。こういうことを語っていかないと、誰も語れないことになってしまう。わかっている人が、その体験をまとめる。民話のように語って行かないと、歴史の一ページにならない、伝承にならない。

「停電になった。情報を集めた。十分で津波が来るよ。でも、マニュアルの避難先までは、二十分かかる。だから、水平移動しないで、垂直移動をした」と語った校長は退職します。その校長は東京学芸大学を卒業し、このタイミングで石井先生とつながり、さまざまな絆があるんだなあと思っています。

屋根裏の子どもたちは、ほとんど津波を見てないんです。ドアを閉めて、振動と音は体感した。その後、雪が降ったんです。みんなで声を出しあい、次の朝に日の出を見ました。その時の写真を職員が撮っていました。その後、ヘリコプターで飛んだ自衛隊に見つけてもらって、ピストン輸送される。それもやはり語り継ぐ人がいなければ忘れさられる。それが私の語り継ぐ立ち位置ですね。そして、みなさんは、民話にして伝えて行くことが大事ではないかと思います。

これがどう民話になっていくかは、私もまだわからないですが、会場の後ろに、『中浜小学校物語』の紙芝居があります。庄司アイさんが作りました。この紙芝居を活用して、それで私たちは語りべとなって歴史としてつないでいく。これは、生きている者の責務だと考えています。

ぜひ、全国のみなさんに山元町のことを知ってもらいたい。山元の民話を知ってもらいたい。宮城県の民話を知ってもらいたい。そのことを通して、防災・減災にも役立ち、山元の名前が全世界に知れわたり、という形になればと思います。やはり、みなさんの力が必要なんです。私たちは家族に育てられ、地域に育てられ、生きている。震災以降は、みんなから力をいただいてきました。感謝しています。この感謝をお返しできません。だから、私ができる感謝は、このような形で体験したことを伝えるという姿勢です。

私たち一人の力ではできないけれど、この民話の力による復興を、みんなとだったら何かはできるだろう、何かは歴史として残せるだろう、そう思っています。

四時終了なので、ここで私の話をやめ、石井先生にバトンをタッチしたいと思います。

**石井**　どうもありがとうございました。山下中学校の校長先生としての経験から、今、山元町をまとめて未来へ伝えるということに苦心をしていらっしゃる。それをみんなでどのようにして進めていったらよいかということを提案してくださいました。

今、三人の方からお話をいただきました。私の入口の話も含めて、残された時間で、ご質問とご意見を賜りたいと思います。今日、時間を割いてきてくださいましたので、町内の方々も含めて、ぜひご意見をいただきたいと思います。いかがでしょうか。

## 四　参加者からの質問と意見

**村上美保子**　こんにちは。先ほどからたびたび名前が出てきております、お隣新地町から参りました村上美保子と申します。新地語ってみっ会っていう会に所属しています。よろしくお願いいたします。

先ほどの先生たちのお話を聞いておりまして、あっとちょっと思い出したことがありましたので、お話をさせていただきたいと思います。

私の友人で、郡山市の「お話玉手箱」という、やはりこういう昔話とか絵本の語りなんかをやっている代表の矢部みゆきさんという方が、「フクシマレジンド」という文章を書かれたんです。それがとてもよかったので、その話をぜひ紙芝居にして、後世に残そうと思いました。アイさんたちが描かれた『中浜小学校物語』とか『流山物語』とかと同じように紙芝居に残せば、この先ずうっと子どもたちに読んで聞かせられるなあと思って、紙芝居にしました。

それは、どんな話かって言いますと、福島県で一番有名な昔話は、「安達ヶ原の鬼婆」の伝説です。昔話をやってらっしゃる方が多いので、どんなお話かはたぶんご存知だと思うんです。

都の姫君が生まれたんですけれども、七歳になっても言葉を発しない。占ってもらったら、「妊婦のお腹にいる赤子(ややこ)の生き胆をとって食べさせれば治る」と言われまして、その姫君の乳母だった人がはるばるとみちのくまでやって来ます。都にも妊婦がいるんだから、都でだって妊婦の赤子の生き胆をとって食べさせられるのに、わざわざみちのくまで来る。

それはなぜかというと、「川、五百を越えて、それから先に住んでいるのは、人間じゃない。だから、お腹を切り開いて、赤子の生き胆を取ってもかまわない。お前が行って、取ってこい」と言われて来るんですね。五百の川っていうのは、ちょうど二本松（現本宮市）の安達ヶ原のところだったんです。今も「五百川」と呼ばれています。

そこに庵をつくって、毎日毎日、そこを通るお腹の大きい女の人を待っていたんですが、何年か経って、やっとお腹の大きい女の人が、「泊めてください」と入ってくる。これはチャンス、これで都に帰れると思って、夜中にその妊婦さんのお腹を切り開いて、生き胆を取って、ああ、家に帰れる、家には置いてきた娘がいると思って、ふっと今殺したお腹の大きい女の人を見た。

すると、都を出るときに子どもに、「お母さんは、これからみちのくに行かなければならないから元気に育ちなさい」って置いてきたお守りがかかってたんですね。つまり、殺したのはわが娘、その生き肝はわが孫だったんです。それから、狂って鬼婆になったという長い話が続いているんです。

都の人たちが、幸せに暮らすために、みちのくまで来て生き肝を取る。それから千年経って、都の人たちが便利で幸せで楽しく生活するために、福島に原発が造られました。原発は、ちっとも福島県では使ってないんです。あれは、全部東京電力ですので、東京にいる人たちが電気を使っているんです。

そして、この大震災で原発の事故があって、実際に放射能をかぶったのは福島県民なんです。先ほど、岩本先生がおっしゃったように、ほんとに福島の復興は三十年かかるか、五十年かかるかわかりません。そんな中で、先ほど伝承が大事だと石井先生がおっしゃったんですけれど、五十年経てば、ここいらも東日本大震災も伝説になる。そのとき、私たち福島に住んでいた者たち、住んでいる者は、この原発事故のことも、やっぱり伝説として語っていかなくちゃいけないんだなあと、さっき改めて思いました。私たちは、やっぱり語っていきます。これからも、どうぞよろしくお願いします。

**石井**　今、伝える仕掛けとして、紙芝居にするということが出てきました。現代社会では、ＤＶＤとか映像にして、ある意味では垂れ流しにしてしまうところがあります。しかし、紙芝居は、子どもたちと向き合って、子どもたちの表情を見ながら、進めていかなければならない。そのための技術もいるのですけれども、若い先生方や保育士さんが関わりながら伝えていくには、大事なものとして使えるかと思います。

先ほど、岩本先生が国民学校のことを言っておられましたけれども、昭和十六年（一九四一）の国定国語教科書に、「稲むらの火」という教材が入ります。これは、今の和歌山県の広川町に濱口梧陵という人がいて、教材では五兵衛として出てきますけれども、この人が自分の稲むらに火をつけて、人々の命を救ったというお話です。これも早いころから紙芝居になって伝えられています。一つの提案として、大事なものだなと思います。

他にいかがでしょうか。

**柴田民雄**　みなさん、こんにちは。私はみやぎ民話の会の柴田と言います。

先ほど、小野さんからお話のあった、六年前の八月二十一日、二十二日に志津川で民話の学校を開いたんですね。とても困難なときでしたが、そこに六人の語り手の方が来られました。私は、まだ当時はみやぎ民話の会に入っていませんでした。聞く側として、ずっと参加していました。それをまとめたのが、この本（『みやぎ民話の会叢書　第一三集「第七回みやぎ民話の学校」の記録』）なんですね。もちろん、庄司アイさんも入っています。これは、私は、古典になるんじゃないかというふうな思いをしてるんです。

実は、実際の語り手の方々の話を、先ほどあったように、昔話を聞くような感じで、私は聞いていました。現実に起こったことですが、なんでなのか、昔話を聞くように聞いてしまったんです。そのことがこの本の中にいっぱい記録されています。聞いた人たちの感想もあります。

もう一つは、映像作家とか、学者とか、いろんな人たちがここで出会っているんですね。この方たちの熱い思いと、深い洞察がこの一冊に詰まっています。この本は、まだみやぎ民話の会にありますので、私は、この本が古典として残っていくんだろうというふうな思いがしています。私は、今日この本を背負ってきました。もし、関心のある人があれば、実際にお分けしますし、みやぎ民話の会の方に連絡いただければ、いつでもお送りしたい。ほんとにすごい本ができたと思いますので、ご紹介いたします。

**石井**　みやぎ民話の会が宮城県内を見渡し、周辺の福島や岩手も見ながら、全体をつないでいく役割をされているということは大きい意味があることですね。山元町だけで動くのではなくて、みんなで動くことが大切です。そういう意味で、あの年の夏の記録を読んでほしいと思います。

他にいかがでしょう。

**島津信子**　同じくみやぎ民話の会、そして、丸森昔ばなしの会に入れていただいている島津と申します。

私はやっぱり震災の後に、いろんな縁がありまして、飯舘村の方々の仮設をお訪ねして、いろいろお話を聞かせていただいています。その中で、ぜひ飯舘村のことを知りたいなと思って、「飯舘村の村史はないんですか」と話して、貸していただきました。今日は重くて持ってこられなかったんですが、なんとそこに、昔話や語り手の方々のことがとても詳しく書いてあったのです。実は、菅野きくさんというおひとりの方のお話が、二十話ぐらい入っているんですね。ほんとうにびっくりしました。その他にも、生活のことや暮らしがとても詳しく書いてありました。実は、それを編纂されたのが、ここにいらっしゃる岩本先生だったということで、それをご紹介したいなあと思いました。

やはり、村史とか町史とかいうのは、どうしてもお堅いもので、難しいことや漢字がいっぱい並んでいるっていうイメージがあるし、分厚いのでなかなか手にとって読むということがないのですけれども、この村史は読み物としておもしろいなあと思い、どなたが編纂したんだろうと思ったら、ここにおいでの岩本先生だったのです。やはり見方によって、こんなに違うのかなあということを見せていただきました。

その後、きくさんの娘さんのテツ子さんのお話を、今一生懸命聞いているところなんですけれども、それもやっぱり、できるだけまとめたいということで、まだ報告集としては途中なんですけれども、まとめていきたいと思っています。そういう意味で、岩本先生に力をいただいたなあということをお話しいたしました。

**石井**　福島では、復興という言葉は、禁句であるという岩本先生のお話がありました。確かに、市町村史って退屈です。でも、その資料から、私たちは何を発見しようとするのかが問われます。今日、「再発見」というキーワードがありましたけれども、読み方によって、市町村史も迫ってくる情報がいっぱいあると思います。私たちの読む力や発見する力が問われていると言っていいでしょう。そのためには、読むための力や発見するための力が必要になります。

他にいかがでしょうか。

**阿相金彌**　私は山形の村山民話の会の阿相と申します。

実は、年々会員数が減ってきまして、若い人が入会しない現象なので、どうにかして増やしていくにはどうしたらいいか、という悩みを抱えて参加いたしました。

昨年の秋に、「みちのく民話まつり」が、山形県の新庄市で行われたんですが、その時に、石井先生が、私ども民話の会に対して刺激を与え、意欲をかき立てるような、そういうお話をされました。

みやぎ民話の会さんからは、いつもご指導をいただいているわけですが、つい先だって、またこの山元町で行われる会があることを教えていただきまして、ぜひ石井先生のお話を聞きたいと思って参加いたしました。

先ほどは、庄司アイさんから、この会を開催するにあたって、もうほんとに熱意のあるお話を聞かせていただきました。いつも庄司アイさんからは、個人的にもいろんな面でご指導いただいておりまして、なんとか庄司さんのような語りをしたいものだと思っているのです。今日は、このような会を盛り上げる推進力として、ほんとに懸命にやっている姿を見まして、もう初めから来てよかったと思いました。

石井先生はもとより、パネラーの先生方のお話をお聞きして、やはり民話というものを、これからもへこたれないでやっていこうと思いました。山形においても、今いろんな活動をやっているんですけれども、私も、ほんとに小さい、ささやかな活動を、どうにかさせていただいているんですけれども、今日石井先生から「民話の力」の話を直にお聞きし、地道にこれからも続けていきたいと思いました。今日は、ほんとに参加させていただきまして、誠にありがとうございました。

**石井**　この前の新庄での会を、阿相さんにまとめていただいたようです。

今のご発言の中に非常に重要な課題が出ています。民話の語り手の世代交代という問題は、今、日本各地で起こっています。かつて、民話というのは、お祖父さん、お祖母さんが孫に語り、若い夫婦は野良仕事をしたり、その後では会社勤めをしたりして働いている。子育てをするのは、お祖父さん、お祖母さんで、その関係の中に民話はあったわけです。

でも、今は核家族化が進んで、介護と保育が分断されている。介護の方も困っているし、保育の方も困っている。社会構造がうまくいっていないわけです。その中で、どうやって、社会を再編成していくのかということが緊急の課題です。

私どもは、寿命が八十年を超えますから、六十歳で仕事を辞めても、その後二十年の人生がある。その二十年に、どういう生きがいを見つけるかというときに、人の話を聞くとか、人に話を語るとか、あるいは、先ほどの渡邉さんのお話によれば、人のために生きるとか、そういう生き方があると思います。

そういったかたちで民話が社会性を持つことが必要です。具体的に言えば、民話が家庭の中に場所を占める、社会の中に位置を占めることです。しかし、東京あたりでもそうですが、家庭や社会が閉ざされていて、なかなか開かれていかないのが現状です。地域で子育てをしていく中で、社会の仕組みを考えて、うまく世代交代をしていくことを考えねばなりません。

先ほど申しましたように、やまもと民話の会は、会員が八名です。今、「会員募集中」です。ですから、ぜひ名乗りを上げてくださって、この町の民話による復興をさらに力強いものにしてくだされば、何よりのことだと思います。私もそうですけれども、今日は、新地から、丸森から、山形から、山元町への応援団がたくさん来てくださいました。たいへんありがたいことです。

私の話の中でも申し上げましたけれども、今日の記録を残して、多くの方に読んでいただきたいと願っています。そして、さらに発信していく山元町のありようを一つのモデルとして、一緒に議論したいと考えています。

来年の五月は、山元民話の会発足二十年です。発足二十年のお祝いの会を、またみなさんと一緒にやって、そのときにご意見を持ち寄っていただけたら、何よりだと思います。そのようにして、このやまもと民話の会のご支援をお願いしたいと思います。今日は、山元町のみなさんと膝を突き合わせてお話をしたいということで、あまり周りの人に声をかけませんでした。次回は、大いに声をかけて、東京からも人々が集まるような催しにしてみたいと思います。民話の会の方々をはじめ、山元町のみなさまにもご負担をおかけすると思いますが、どうぞさらなるご支援をお願いいたします。では、シンポジウムをこれで終わりにいたします。ありがとうございました。

### 参考文献


・飯舘村史編纂委員会編『飯舘村史』全三巻、一九七六〜七九年
・岩本由輝編『歴史としての東日本大震災—口碑伝承をおろそかにするなかれ—』刀水書房、二〇一一年
・小田島利江編『南三陸町入谷の伝承　山内郁翁のむかしかたり　みやぎ民話の会叢書　第一二集』みやぎ民話の会、二〇〇九年
・庄司アイ・佐佐木邦子編著『荒保春の昔ばなし—伊達最南端に語りつぐ—』私家版、二〇〇二年
・相馬女子高等学校郷土研究クラブ編『相馬伝説集』福島県立相馬女子高等学校生徒会、一九五〇年
・第七回みやぎ民話の学校実行委員会編『大地震大津浪を語り継ぐために—声なきものの声を聞き　形なきものの形を刻む—みやぎ民話の会叢書　第一三集』みやぎ民話の会、二〇一一年
・早坂泰子・河井隆博・小野和子編『「閖上」—津波に消えた町のむかしの暮らし—』みやぎ民話の会、二〇一四年
・双葉郡編『双葉郡郷土誌』双葉郡、一九一三年
・松谷みよ子編『民話の手帖別冊12　女川・雄勝の民話』日本民話の会、一九八二年
・南三陸海岸ジオパーク準備委員会編『南三陸・仙台湾地域のジオツアーガイド』東北大学東北アジア研究センター、二〇一六年
・目黒とみ子聞書き・みやぎ民話の会編集協力『双葉町を襲った放射能からのがれて—わたしたちの証言集—』双萩会、二〇一六年
・やまもと民話の会編『小さな町を呑みこんだ巨大津波—語りつぐ・第二集　声なき声に寄りそう—』やまもと民話の会、二〇一一年
・亘理郡山元町老人クラブ連合会編『民話』亘理郡山元町老人クラブ連合会、一九七二年

# 記録をまとめて

加藤恵子

聞いた話をもう一度聞きなおし文字にする作業は、自分自身の問題意識のなさや話す人に対する思いの足りなさを認識する作業なのだとつくづく思います。実は真剣に聞いているようで、聞き流してしまっている言葉の数々を、文字にする作業を通して、やっと心に届けているのです。私は、震災のずっと前からみやぎ民話の会で活動をしていたにもかかわらず、こうした作業を通して、「民話の力」について、何も考えてこなかった自分を認識しました。

参会者の柴田民雄さんが話していた、志津川での第一三回みやぎ民話の学校の準備で、被災された志津川民話の会のみなさんにお会いしたとき、小野和子先生と抱きあって、「ああ、宝が戻ってきた」と泣いていた高橋武子さんの姿が忘れられません。「語り、聞く」関係の中で築き上げてきたお互いの思いの深さをこのとき、痛いほど実感しました。

また、昨年（二〇一六）六回にわたって津軽の砂子瀬で育った成田キヌヨさんの語りをお聞きしたとき、会うたびに別れるたびに小野先生と手を握り合い、再会や別れを惜しんで涙ぐむおふたりの姿を目のあたりにしました。こうした姿から「語り、聞く」ということは、自分自身と向き合うことであり、語り手と向き合うことであり、だからこそ深いつながりで結ばれるのだと思いました。

「私たちは、身近に民話を語り、平凡に過ごしてきた」（本文引用）という、庄司アイさんはじめやまもと民話の会の方々が、「私たち自身にも悲壮なパノラマを見るごとくドラマがあった。『語りつごう』をあい言葉に民話をやってきたこと、……この震災を語りつがなければ、の使命と責任を感じ、テープレコーダーもない。パソコンもない。向かう机もない今だからこそ、真実を伝えられるのでは……」（『巨大津波　第一集』引用）と思って、すぐに体験談を集める活動を始め、震災から僅か五か月後には『巨大津波』の第一集を発行しました。そして、その力を「民話からもらった」と語っています。

その話を聞いた石井正己先生は、この『巨大津波』やアイさんたちの話からたくさんのことを教わり、さらにアイさんたちの民話への強い思いに促されて、「復興を支えているのは民話の力なのだ」と深く自覚したと、その思いを率直に語ってくださいました。

　また小野和子先生は、「庄司アイさんの言葉で、私の胸に宝物のように残っている言葉があります。それは、『形あるものはすべてなくしたけれども、気が付いたら胸に民話が残っていました。これを命綱にしていきます』。……『形あるものはすべてなくした』、これは津波で被災された方の胸にあったことの一つだったと思います。トメヨさんも、すべてを流されなすったんです。『話は形がないけれども、胸に生きている財産であった。これを命綱にして生きていくから、よろしく頼む』という、このような尊い言葉をいただいて、私は、形のない言葉にすぎないという、しかも、『しょうもない女、子どもの寝物語さ』なんて、時には軽蔑の目で見られることもある民話が、このように人を生かせる力を持っているということに驚きました」（本文引用）と語っておられます。ここに参加したみなさんも、きっとやまもと民話の会のこのような活動を通して、「民話の力」が、「生きる力」になったことを理解されたのではないでしょうか。

　アイさんは、会うたびに、「様々な困難はあったけど、みやぎ民話の会や小野和子先生から学んだことを行動に移すしかないと考えて、歯を食いしばって聞き書きした」とおっしゃいます。きっとアイさんたちに話を聞かせてくださった山元町、新地町のみなさんの思いが幾重にも重なって、みなさんの心を突き動かしたのだと思います。

　会うたびに、ご自身を謙虚に顧みるアイさんたちの話から、私も多くのことを学んでいます。そして、何よりも、この講演会の記録を文字にするチャンスをいただいたことに、心から感謝しております。ありがとうございました。

# 第二部

# 大震災をのりこえ、民話を語りつぐ

やまもと民話の会発足 20 周年
2018 年 3 月 24 日、25 日

運営に関わった方々の集合写真

# 坂元子ども神楽

**萱場裕子**（司会）　中浜小学校の子どもたちは、東日本大震災以前から地元に伝わる「中浜神楽」を授業の中で、中浜神楽保存会の方々の熱心な指導のもと、代々舞い続けてきました。しかし、今回の大津波によって中浜小学校ばかりでなく、中浜小学校区である中浜・磯・新浜地区が壊滅し、多くの犠牲者が出ました。子どもたちは全員無事だったのですが、神楽を教えてくださった方々も亡くなられました。

その後、中浜小学校は内陸にあった坂元小学校と統合になりました。坂元小学校の子どもたちには、坂元神楽保存会の方々から指導を受けた「坂元神楽」がありました。それぞれの地区で伝わってきた神楽を今後も後世に伝えていきたいという思いはありましたので、「学校が統合されたのだから、両方の特徴をいかした一つの舞いを創ってみよう」と話がまとまりました。保存会や地域の方々によって、子どもたちが舞いやすいように創作されたのが、これからご披露する「坂元子ども神楽」です。

そのとき私は、文化とはこのようにして生まれるの

坂元子ども神楽

坂元子ども神楽

かと思いました。大きな災害とかそういうことがあった後、大きなお祭りがあったり、またこういうことで力を合わせたりしたことが、一つの文化になっていくのだという、そういう場所に、今、私は立っていると実感したことを覚えています。

では、みなさんよろしくお願いいたします。

（坂元子ども神楽上演）

**萱場**　山元町のホームページの資料をみなさまにお配りいたしました。町からのお話によりますと、数字が若干違うところがありまして、そのことをご了承ください。まず浸水区域なんですが、三七・二パーセントというのが新しい数字です。それから津波の高さもここには、二十メートルと書いてありますが、十二、三メートルが正しい数字だいうことを町の方から指導頂きましたので、ご訂正をお願いしたいと思います。ただ、津波の高さに関しては、磯崎山という太平洋に面した山があり、今公園になっています。その山の高さが二十メートル近くあるんですね。その山に避難した方々によると、山頂に三十センチほどの水が上がり、松の木などにしがみついて助かったと語っておられます。

現在（二〇一八年）になって、当時（二〇一一年）の発表と数字が若干違っておりますので、どうかご訂正をお願いしたいと思います。

# 挨拶

庄司アイ

みなさま、今日はお忙しい中、たくさん私どもの二十周年の行事のためにおいでいただきましたこと、心から御礼申し上げます。ありがとうございました。

町内の方はもちろんですけれども、今日の会には、遠く新潟、名古屋、横浜、東京、茨城の方からも、ここにはせ参じてくださったんです。

私たちが七年前に被災したときに、ここにお集まりのみなさまはじめ、たくさんのみなさまからご支援をいただいて、そしてなんとか七年を過ごして、もうそろそろみなさんともご縁が切れるかなあと思ったんですけれども、今日はみなさん大勢来てくださいました。本当にありがとうございます。

去年（二〇一七）の三月に、東京学芸大学の教授であられる石井正己先生が、それこそ陸の孤島のちっぽけな私どもやまもと民話の会に来て、ご講演くださいました。去年おいでになられた方もおありかと思いますけれども、たいへん盛況で、そのときも山形や福島からもおいでになって、いいお話をお伺いしたんです。そのときにね、石井先生が、「来年がやまもと民話の会二十周年だから来年も来るからね」っておっしゃったんです。まずそんなことがあろうはずがないから、私たちも黙っていました。

ところが、それに野村敬子先生、小野和子先生がご賛同くださって、「二十周年をやるぞ」って発起人になってくださったんですね。私たち民話をやるものにとっては、お三人の先生方は民話の大御所です。ほんとうに有名な先生方をね、このちっぽけなやまもと民話の会が、「どうぞおいでください」っていうような何物も持ち合わせていません。「山元町はちっぽけな所だけれども、行って元気をつけるように、まず頑張らせてやろう」という思いがおそらくあって、山元町に再度お出でくださったのかなあと思うんですね。ほんとに穴があったら入りたいし、天井がひっくり返ったんでないかと思うような、そういうふうな思いでおりますけれども、まずこういうふうな機会はございませんのでね、みなさんと共に二日間を本当に有効に過ごしたいと思っております。ほんとにありがとうございます。

山元町のことも少し語らせてもらいますけれども、去年の四月一日から山元町は、仮設住宅は切り上げて、それぞれ自宅を建設されたり、公営住宅に入ったりと復興が大きく進みました。私も被災者として、また家がすっかり流された者として、一番の目的が自分の家へ入ることだったんです。私も山の方を買って開墾して、そこに小さな家を建ててこじんまりと今暮らしておる所です。本当に山元町の方たちも、このお家（うち）に入れたという大きな壁を乗り越えてとても安心して、「ああ、よかった」と思っています。

ところが、被災地のね、共通の悩みでしょうか。孤独に耐えられないなあと思っている方、それから家族が分離したり家族をなくしたりした方、それから、なかなか隣近所のコミュニケーションの取れない方の心の叫びが、私の胸に突き刺さってます。おそらく、被災地どこも同じでないかなあと思うんですね。私たちは、心の復興についてはまだまだ勉強が足りませんが、今まで民話をやってきて、そっちの学校やこっちの老人会なんかに行って、昔話やわらべ歌で遊んだりしました。

それがね、思ったより反響があるんですね。わあっというまに「花いちもんめ」をやったり、そうかと思うと、そういう昔話があるのかとしくしく泣いて涙をこぼしたり、私たちの語る民話っていうのは、大事なものでないかなあって、このごろ特に思ってはおるんですけれども、実際には、語る人が少なくなったし、語りの場も少なくなって、しぼみがちなんですね。でもね、心の復興の問題がおそらく東北、この浜通りではいっぱいあると思うんですよね。そんなときにね、民話を通してみなさんに元気をおあげできればいいんじゃないかなあと思うんですね。民話には力があるんですから。

山元町のイチゴなんかも今盛りのようで、順調なのでしょうか。それから、磯浜漁港からあがるホッキ貝は特別おいしいホッキ貝でね、おそらく高く売れるものだったらしいんですね。この頃になって操業を始めて、少しずつホッキがとれて店にも並んでいますけども、漁師さんのお話を聞くと、「海は瓦礫だらけです。近海いっぱい瓦礫だらけで、ホッキとるのも難儀だ」って。それに、みんなここにお集まりの方たちと一緒に考えていかなきゃならない放射能の問題もあって、まだまだ復興は遠いのかなあと思っております。浜通りの人々の願いは、近海のお魚が安心して食べられることです。

長くなりましたが、やっぱり「民話の力」とよく小野和子先生がおっしゃるんですよね。六十代のころ、私は民話に力があるなんて思わなかったんですよ。それで、小野先生やみやぎ民話の会の皆さんのご指導を受けて、「民話の力」を私なりに受けとれたころ、この大震災に遭ったんです。

私はこの震災を体験して、「民話の力」を知りました。「民話は、命を生み出すものであり、民話は、命を育むものだ」ということを。私は、今日ここでみなさんと確認したいと思います。

どうぞ、二日間よろしくお願いいたします。

## 祝辞

菊池卓郎

みなさんこんにちは。山元町の教育委員会の菊池です。

本日はですね、「大震災をのりこえ、民話を語りつぐ」と題するやまもと民話の会発足二十周年を記念した集い、誠におめでとうございます。

ただ今、会の代表である庄司アイさんからご挨拶がありました。町の復興の様子と共に民話の力、そして心の復興につながり命を育むということをお話しされたのですけれど、そういう民話の力をみなさんは信じて、活動を長く続けてこられたということ、そして、震災を語り継いでいかなければいけないという強い思いを持って活動されていることを知りました。

今回の集いの発起人でおられる石井先生、それから野村先生、小野先生におかれましても、このやまもと民話の会の一生懸命やろうとする、そういう会の姿勢に共鳴をされて、今回開催を後押しされたのではないかなあと拝察しているところです。

震災から丸七年が経過しました。小学校では、震災後に生まれた子どもたちが入学してくるような状況になっています。学校現場では震災後、山元町でも学校でも、いわゆる防災教育に力を入れているところですけれども、震災後、震災を知らない子どもたちにどんなふうに山元町ができるのか、これから頑張っていかなければいけないかということを探っていくことが課題となっているところです。

ここにいらっしゃるみなさんと同様、被災地としての山元の歴史を子どもたちにしっかり伝えていきたいと考えております。

結びになりますが、今回の集いが参加されたみなさんにとって有意義なものになること、またやまもと民話の会の今後益々のご発展ご活躍をご祈念申し上げまして、簡単ですがお祝いの言葉といたします。本日は誠におめでとうございます。

## 発起人の言葉

石井正己

ご紹介いただきました東京学芸大学の石井でございます。今日はやまもと民話の会の二十周年、たいへんおめでとうございます。

この会の開催にあたりましては、山元町、山元町教育委員会、山元町文化協会、そして、みやぎ民話の会、丸森ざっと昔の会、新地語ってみっ会のみなさまの力が集まって、今日のこの会になりました。ご支援の方々、そして、今日ご参加のみなさまにも、改めてお礼申し上げます。

昨年（二〇一七）の三月、山元中央公民館に伺いまして、八十人くらいの方々に、「復興を支える民話の力」というお話をしました。その記録集は、小さな冊子として発行してありますので、お読みくださればたいへんうれしいです（本書の第一部に再録）。

実は、七年前の東日本大震災の折、やまもと民話の会が『小さな町を呑み込んだ巨大津波』という三冊をお出しになりました。私たちは、長い間民話を研究してきましたけれども、民話の根源的な力というのを教えていただいたのは、やまもと民話の会のみなさんからなのです。ですから、私はここ山元町に来て、民話の力を改めて勉強したいと、そう思っているわけです。

この民話の力を社会の中に還元していく、そして、復興に役立てていくというのはすごく時間がかかることで、「人生百年」と言われていますけれども、おそらく百年後の人への一歩目、二歩目を歩きはじめているのだろうと思います。坂元子ども神楽のお子さんたちが、先ほど神楽を踊ってくれました。ああいった子どもたちが、おそらく八十年後か百年後かに来るであろう、その津波をきちんと支える力になればと思うわけです。私たちは、その「百年プロジェクト」に取り組まなければいけないと思っているのです。そのためには、やまもと民話の会の二十周年というのは、たいへん大きい力になると思います。私も一緒に今日、明日学びたいと思います。

開催にあたりまして、改めて御礼申し上げます。

# 発起人の言葉

野村敬子

みなさま、今日はようこそおでかけくださいました。お礼を申し上げます。発起人の野村でございます。

私は、この町でたったお一人、庄司アイさんを知っているだけなんです。庄司さんが書いたものを読んで、ここに会いに参りましたのは六年前のことです。どこにいらっしゃるかわからないので、小野先生に案内していただきました。

そして、「私には語りがあるの」というお言葉を伺いまして、勇気をいただいて帰りました。たった一人の知り合いが、発起人になるなんておこがましいことでございますが、私はやまもと民話の会のファン代表だと思っております。たくさんの友人が、やまもと民話の会のみなさんに感じ入って、今日は来させていただいております。

そして町の中に、もっともっと語りを充実させようということで、今日お見えになってない方でも、ご自身たちが小さな語りの会を立ち上げて、普及・啓蒙ということをあの震災以来始めております。そんなことで私は今日寄せていただきました。

このホールとても素敵。この会場は「つばめの杜（もり）」ですよね。つばめは、さっき黙禱を捧げた方々と

前列左から小野和子、野村敬子、石井正己



結んでくれる冥府の鳥でございます。玄鳥（げんちょう）とも呼ぶ、あの世とこの世を結んでくれる鳥。しかも人間の言葉が大好き。限界集落に行きましたら、つばめはいませんでした。今日、越冬つばめがその辺に来ているかもしれませんね。

ということで、私たちは大震災を乗り越え、そして、大切な方をたくさん失いました。その方々が、この世でなしえなかったことのために、今日の語りを再生したいと思います。そして、その亡くなった方への語りの言葉に大きな灯をかかげて、今日の二十回目の語りを見いだしましょう。みなさんとあの世の方々が常に結び合っていく接点として、この「ひだまりホール」はとても素敵だと思いました。みなさま方と共に日本の昔話を考え、民話を考えていくのに、ここはたいへん良い拠点になると思っております。

大震災をあるがままに受け止めていくのは難しいことです。「忘れないでいく」と、よく言われます。風化させない。なかなか現実には難しいことでございます。しかし、ここではできます。みなさんの魂に向かって、つばめのこの館で、しっかりと魂の交歓がなしえる。忘れない、忘れることなく伝えていく。民話というものはそういうものなんですよね。原点に戻って、私も石井先生同様、こちらで本当の民話を学ばせていただきたいと思って参りました。どうぞ、みなさまお力添えいただきますようお願いいたします。

## 発起人の言葉

小野和子

やまもと民話の会が発足して二十年を迎え、お祝いの会に、こうして出席できたことをうれしく思います。

実は私は、たぶんその二十周年の前から山元の民話に関わってきた一人と言いますか、とても先見の明のおありになる確か公民館長さんだと思うんですけれども、「山元町に民話の集まりを作りたいから、ちょっと来て話してほしい」という話が来たので、何度かお邪魔して、民話について私の乏しい知識の中からわかることを一生懸命みんなにお話ししたあの日のことを思い出します。暗いような小さな部屋で、みなさんが熱心に聞いてくださって、アイさんなんかは、一番前の席で目を丸くして、こうやって構えて、私のつたない話を聞いてくださったあの日を思い出します。それから間もなく、アイさんは私たちの「みやぎ民話の会」の会員になって、定例会に足を運ばれるようになりました。

そうしているうちに、やまもと民話の会というサークルができまして、みなさんが足並みをそろえて、絶えず苦しみのない道のりではなかったと思いますけれども、民話の会というものを少しずつ強めていくための歩みを続けてこられました。その都度その都度に、私も顔を出して、なんか生みの親の一人のような大きな顔をして、みなさんにときには説教してみたり、なんか褒めてみたりなんていうふうで、私にとっても本当に親戚づきあいのような会でございました。

それが七年前の震災の時に、当時は電気が切れてましたものですから、ラジオでしかニュースを知ることができませんでした。「山元町で多くの人が流された」というニュースを聞きながら、山元の方々がどうしておられるか、どんなに探してもなかなか情報がつかめなかったんですね。避難所に電話を掛けると、「名簿があるのでわかるから、行ってみなさい」という方もありましたけれども、みなさんがそれぞれ避難所以外の場所に身を置かれたりしていた事情もあって、消息がわかりませんでした。泣きながらみなさんの消息を尋ねたあのときを、私は思い出しております。

そして、やがて連絡が取れるようになりまして、犠牲になられた方もおられたんですけれども、ほとんどの方がご無事で、またそれぞれの道を歩み始めておられることを知りました。それを知ったばかりではなく、この方たちが、当時まだ段ボール囲いをして身を寄せあっていた避難所へ出向かれて、今この記録を取り続けることこそ民話をやっていた者の一つの仕事だというふうにお考えになられたんでしょう。聞き書きをされたっていうんで、ほんとにびっくりいたしました。

そして、その聞き書きされたもの『語りつぐ・証言―巨大津波』が、その年の七月にすでに一冊になったのですね。それを読ませていただいて、私は、改めて民話が持っていた力をこんなふうに結集させてくださった、やまもと民話の会の方々から本当に多くを教えられました。

ご自身も被災され、中には肉親を失われた方もありながら、みなさんは避難所におられる一人一人の方のところへ、紙も鉛筆も十分じゃなかったと言いますが、寄り添って、そのときのことを聞かせていただいた。そして、それを記録したという、本当に言葉を失うほどのすばらしい聞き書きの結晶を、『巨大津波』という本にして表してくださいました。それは、これからを生きる私たちの一つの道標になるような聞き書きの記録であったと思います。

私は、第一集を読んで、第二集を見て、さらに驚きました。第二集では、かつてここにあった、しかし今は流されてしまった物の跡をたどる集になっていたんですね。文化財の新たな記録ということを第二集をもってされています。そして、第三集は明日へ歩いて行くための何か縁(よすが)になるような息遣いが満ちていて、一集、二集、三集と出され、後には、これが一冊のものになりましたけれども、その都度のやまもと民話の会の人々の誠実な試みと歩みに本当に限りない敬意をもっております。

それが、今日この二十周年の日に、こんなに大勢の方に来ていただきまして、共に祝うことのできる幸せを思わずにはいられません。ありがとうございます。

# 山元町の民話を語る

## やまもと民話の会

### 狼の恩返し

森博子

私は森博子です。この町に大昔から伝わっている怖い狼の話、「狼の恩返し」というお話をします。

《ここに山寺(やまでら)という地区があるんです。山寺の田んぼの道に地蔵さんがあるんです。カンカン地蔵さんと言うんです。

その山寺の山の中に一人の男の人がいたんだと。その男の人は、畠も田んぼも少なくて手間取り、手間取りってわからない人もいるかと思いますが、毎日朝早くから夜遅くまで他所で働いてお金を貰う手間取りね、それをしながら暮らしていたんだと。

ある日、その男の人が手間取り終わって、カンカン地蔵さんのところまで来たらば、一匹の狼がそこに座っていたんだと。その男の人はびっくりしたんだど。（あららぁ、山の奥の方にいる狼、遠吠えするあの狼が目の前に座ってる。ああ、月の光に照らされながら座ってる。俺の命も間もなくなくなるだろう）と思ったど。そしたら、どうもおかしい。なにも仕かけてこない。座っていた狼、悲しそうな顔して、ヒィンー、ヒィンーって泣いてるように見えたんだと。（ああ、狼に殺される。絶対俺は殺される）ど思いながらも近づいていったら、悲しそうな顔で座っていた一匹の狼、大きな口を開けていたんだと。見ると喉の奥の方さ大きな骨が引っかかっていたんだと。その男の人は、自分自身の危険も考えず、口の中に手を入れて骨を取ってやったんだど。

（ああ、こんどはなんでも食えっからな）って、安心して家に帰ろうとしたら、その狼、山に帰んないで後ろをついてくるんだと。後ろついてきたその狼は、その男の人の家の常口から帰っていったんだとね。

次の朝、その男の人まだ暗いうちに手間取りに出かけたと。そしたら、助けてやった狼がどこからか現れて、その男の人の後をカンカン地蔵さんまで送ってくれるんだと。そうして、そこから言わず語らずに別れて、狼は山に帰り、その男の人は手間取りに出かけて行ったと。こうして、朝晩暗い道を毎日付き添って、その狼は恩返ししたんだと。》

こういう民話ですね。民話っていう言い方は、終戦後だと思うんですけど。私は、祖父母に育てられました。そして、祖母の影響で民話が大好きなんです。最後に「これで終わり」というのは、例えばですよ、他の県ですと、「どっぴん」とかそういう言葉、終末の言葉は、私の話にはなんにもないんです。私の祖母は、話が終わると、「こんできまり」って必ず言ったものです。でぇ、こんできまり。

## 座頭橋の話

武田良子

武田良子(りょうこ)と申します。浜の方に座頭橋(ざあとうばし)という橋があるんです。私は、その橋についての伝説をお話しします。

《むがぁし、花釜(はながま)に目(まなぐ)の見えない琵琶法師とその子どもが、琵琶を奏でながら門付げして花釜に来たんだね。その二人は夜になっと、民家の木小屋を借りで泊ったり、神社の境内に泊まったりしながら難儀な旅を続けてきたんだど。

　そのころの花釜は、人家もまばらでみんな百姓のごとしったんだど。んだげっとも、みんな心の優すい、良い人ばかりだったんだねえ。二人んどご泊めで、ご飯を食わせったりしてけったんだと。

　そのころ、花釜の百姓の人たちは、腰だり膝(ひじゃ)だり肩だりって痛(いで)え人いっぺえいだのないん。たまには腹痛(はらいだ)おこして苦しんでる人もいたんだど。そのとき、琵琶法師は、針や灸、按摩もできる人だったんで、手当してやったり、軟膏を作ってくれだり、煎じ薬を作ってくれだりして、助けてやったんだと。花釜の人たちもうんと助かってだの。今で言うなら、お医者さんみでえなごとしてけったのだものないん。

　ほんで花釜の人たちは、その二人がなくてはならないって思っていたんだね。琵琶法師も、花釜の人たちの思いに応えようと花釜に土地を求めて、家を建てて、そこに住むことにしたんだと。

　この話は、徳川時代の元禄元年のころの話だったんですね。それから、花釜を東西を分ける川、今の高瀬川があったので、行き来するのにガボガボと川を漕いで用足ししったんだと。ほんで琵琶法師も目(まなぐ)見えないのに、そんなごとして渡んのに、うんと不便しったんだね。そんで、琵琶法師は、こつこつ貯めたお金で、その川に橋を架けでけだんだど。村の人たちはうんと喜んで、目(まなぐ)の悪い人のことを座頭(ざあとう)って言ってたんで、その橋を「座頭橋(ざあとうばし)」って言うようになったそうな。

　その橋は、年月が経って何回も架け替えられたんだげっとも、今でも「座頭橋（ざぁとうばし）」って呼んでいます。今、架けらってる橋は、鉄筋コンクリートの歩道付きの橋です。それが今度の大震災でも流されることもなく健在だったんですね。

そして、その琵琶法師が奏でた琵琶は、子孫である田所家に大事に保管されていたんです。この大津波にどっぷりと浸かってしまったんです。でも、保管がよくて、大丈夫だったんです。その琵琶は、山元町の文化財の指定も受けております。》

## 下田沼の大蛇

岩佐知恵

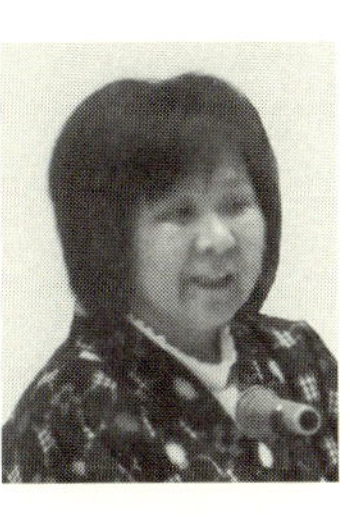

私の名前は、岩佐知恵（ともえ）です。やまもと民話の会に入ってまだ半年の新米です。それで今日は、特別読み聞かせという形で、地元坂元に伝わっている民話「下田沼（しもだぬま）の大蛇」というお話を披露させていただきます。よろしくお願いいたします。

《坂元に「御狩屋崎（おかりやさき）」って、眺めのええどころあんのっしゃ。むかぁし、この辺り殿さまの狩屋、つまりお殿さまが狩りをする場所があったと伝えられております。この丘の上に立つとね、広い（ひろぉ）坂元耕土がひと眺めだぁ。東の方を見れば太平洋、北さあ向けば戸花山、西の方にはお愛宕（あたご）さん、南を見れば滝の山。そんで、滝の山とここ御狩屋崎の間、これまた美すい（うづく）下田沼があるんで、景色のええこと坂元一だあ。

そんで、むがしぃ、ここには立派なお寺があったどぉ。お寺には、若い和尚さんがいて、それが器量がええ、お経をあげるのも上手（うめぇ）、笛を吹くのも上手（うめぇ）、人柄もええ、評判の和尚さんだったどぉ。

夜、庭さ出て笛を吹く、笛の音（ね）が御狩屋崎一帯にええ音色（ねいろ）で響いていたど。そこを通る人、うっとり心打たれだったんだあ。

ある夏の月の美（うづく）すい晩だったど。お月さま、滝の山の松さかかって、それが沼さ映ってとっても良え（え）景色。若和尚さん、思わずそこで笛を吹いたんだないん。そんとき、どっからともなく美（うづく）すいお姫さま現っちえ、若和尚さんの傍さ寄り添ったどぅ。んでぇ、月の美（うづく）すい夜にはお姫さま現っちぇ、若和尚さんの傍に寄り添うようになって、そのうち二人は、深え（ふけ）関係になってしまったんだと。

そのうち、お姫さま身ごもっちまったんだと。月満ちて、生まれた子どもは大蛇の子だったと。まもなく、お姫さま、大蛇の赤ん坊を抱え（かか）たまま下田沼さ身を隠したんだと。お姫さま、下田沼の主の大蛇だったと。

残った若和尚さん、たいそう悲しんで、それからはお経もあげねえ、笛も吹かねえ。毎日、毎日ぼんやり暮らしったったと。ある夜、大蛇が現れて、若和尚さん殺しちぃまったと。

　んでぇ、そのあとお寺は衰退してしまったんだが、若和尚さんのお墓が、御狩屋崎の東の方に下りて行ったところに「和尚壇」って名前が付けられて、丘の上にあったということです。そこの土地は「和尚壇」っていう地名として残っております。》

## お托井戸

萱場裕子

　なんかドキドキして聞いてましたけど、私もあがってしまいそうです。萱場裕子と申します。よろしくお願いいたします。私は、最初はやまもと民話に入るつもりはなかったんですけども、震災後すぐに、うちの母（庄司アイ）たちがすごく一生懸命やっていたもので、あの震災で実家がとにかく流されたんで、家も何もないところで一生懸命、今後こういうことが次の世代にあってはならないことだから、被災された人たちから、いろいろな証言を聞きながら、まとめていたんです。（なんでそんなに、そこまでしなくちゃならないんだろう）と思いつつも、私の母の年代の人たちがほとんどだったので、（パソコン打ちくらいは手伝わなきゃなあ）と思って手伝ったのが、なんか知らない間に会員になってしまったというところがありまして、だから全然語れないんです。鼻がむずむずで花粉症の私の声が、みなさん聞こえてますか（拍手）。

　やっぱり地元の話をと思いまして、「お托井戸」という話をします。

《むがぁし、旅のお坊さまが来たったど。

　ほの日は、うんと暑くて修行して歩くのにも汗がどうどうと流れてくるような炎天下だったと。したけども、（一軒ごと水ば乞うて歩ったんでは修行になんねえがら）って、我慢して歩き続けったんだと。

　したけっども、いよいよ我慢でぎねぐなっつまって、一軒の百姓さんの家に行って、声ば掛けてみだったど。「旅の僧なんですが、どうかお水を一杯恵んで下され」ってね。そごの家では、若い娘が機織りばしったど。したけども、お坊さんのその声ば聞いて、「はあい」って、機を織ってた手を止めて出てきてくったど。お坊さんの顔ば見っと、「ちょっとの間、ここで休んでてくだされ。いま冷てぇのお持ちしますから、待っててけらぁいんね」って、走るようにして裏の方がら出ていったど。

　そごの家の裏山、五、六百メートル先の方さ沢が流れったんだと。んだがら、その女の人はそごまで走ったんだべねえ。しばらくして戻ってくっと、そのお坊さまさ、たっぷりな冷てぇ水ばさし出したど。

　お坊さまは、喉ば鳴らしてうまそうに飲んだっけど。そして、お坊さまは、その女の人さ、「あんだの家では井戸はないんですか」って尋ねだど。したれば、その女の人は、「俺家では井戸はないんです。俺家ばっかりでねんだぁいん。この村では井戸がある家は一軒もねえです」って答えたんだと。そのお坊さま、自分の持ってだ杖の先っちょば使って、その家の庭あたりばトントントントンと突っついたんだど。そのうち力いっぺぇにその杖ば振り上げて、「えいっ」って気合いば入れて、その杖ば地面さ突っ刺したど。そうして、ポンって引んぬいたれば、なんと驚れぇたことに、そこから清水が湧きだしたんだと。なあ、その女の人も魂消たべなあ。

　そのお坊さまはね、弘法大師さまっていう方だったと。弘法大師さまっていう方は、仏の教えとか世の中に悪いことなんかねえように、国中旅しながら歩きまわって、そいな教えを広めていた方だったんだど。

　そして、その娘は、お托っていう名前だったど。弘法大師さまは、お托のやさしい気持ちに心ば打だっちぇ、その家さ清水ば湧かしてくっちゃったんだべないん。その清水は、お托さんの名前に因んで、「お托井戸」って言われるようになって、みんなに大事にされたんだど。

　そんで、そのお托さんが住んでいた家なんだげんとも、今日山元町の人何人来てっかわがんないんだげっともないん、山元町坂元中山の李って所にその井戸はあったっていうんだね。

　その「お托井戸」から出る清水は、夏は冷てえくて、冬は温げえくて、水の質も水の量も他のものとは比べものになんねえぐれうんといい清水だったんだと。

　ほうして、まず弘法大師さまのどきからだがらね、一千年も前の話。ずうっとその水は湧き続けてだみたいなのね。昭和四十年代あたりまであったんだそうです。最近になったっけが、土もいろいろ動いたんだが、今はそごの跡は田んぼになってんです。

　弘法大師さまの話は、全国にあるわけなんだげんともね、山元町にも他に二つあるんです。それは、小平地区と大平地区にあります。そちらは、たぶんまだ水湧いてんでないべがぁ。東街道を通ったときに、あれでないのがなあと思うとこがあるんです。そのうち、ちゃんとわかったらお話しさせていただきます。》

# あたたか山の狐

菅野みさ子

みなさんこんにちは。私は菅野みさ子と言います。「あたたか山の狐」を語ってみっから。

《むがぁしなあ。

あたたか山あだりのところは、狐がうんと多いんで、誰でもだまされだったど。坂元の上のほうにね、魚屋さんしてだお爺つぁんいだったど。

そのお爺つぁん、竹で編んだ大きな籠をね、天秤で担いで、遠く埒浜っていうところまで魚を買いに行ってたんだど。ちょうど十一月の中ころ、お爺つぁんね、いつもより遅く家ば出はったど。埒浜さ着いだっけまあなんのなんのね、魚うんとあがってだったど。カレイだのサバだのイワシだのあんだど。お爺つぁん、（いやあ、どうすっか。いっぺぇ買っていぐべ）どって、どっさり籠いっぺぇ買ってきたったど。

中浜を越え才の花を越えて、あたたか山にさしかかったときね、なんだか崖の下の方がら、「ほー」っと声するんだったど。（あれ）っとお爺つぁん思ってない、そこそこそこと崖の方さ近づいてみだったど。そうしたら、崖の奥の方さびがびがど灯り点いてで、七、八人の男だちがない、ぐるっと丸ぐなって博打打ちしったったど。

お爺つぁんそごでない、しばらく博打見ったったど。みんな立派な背広着て、黒縁の眼鏡かげだり、鼻髭びんとはやしたりしてる立派な人たちだったのね。そんで、お爺つぁん気が付いたったど。（やぁ、なんだこれこの人だちはみな目の見えねぇ人だちだ。ようしこれなら、俺も勝てっかもわがんね）って思ったど。そんでその大きな籠ばどさっとそごに置いでない、声かけだど。「なあ、俺もまぜてけねべがぁ（入れてくれないか）」って。そしたっけがな、みんなして「ああ、まざれまざれ」って言ってな、真ん中のいいところ空けてけだど。

さあ、お爺つぁんね、（このお金取ってくれましょう）ど思って博打打ちさまざったのね。そして、「さあさあ、さあさあ。いがすかぁ」なんて言うづど、ぽんとお爺つぁんの前さ、ばさり、どさっど札束投げてくるんだど。いやいやいや、お爺つぁん面白ぇくて面白ぇくてはない、夢中になってしまったど。お爺つぁんの前、札束山のようだったど。

そのうちになんだがない、一人減り二人減りみんないなぐなってしまって、夜中になってしまったんだとはぁ。（いやぁこれ、俺に負げではぁ、みんな行ってしまった。ようしこの銭なあ、婆つぁんさ行って早ぐ見せねくてわがんねえ（駄目だ）ど思って、重てぇ籠ば、ひょいっと軽こく担いで家さ帰ってったど。

「婆や。なんもかんも今日は面白ぇぐれ儲げで、うんとお金持ってきたがら籠の中見てみろ」って言ったど。（お爺つぁんなんだべこら、何ごと語るんだべ）ど、婆つぁん思ったんだど。そして、籠の中婆つぁん見てみたっけがない、魚一匹もいなくて、栗の葉っぱだの桜の葉っぱだの、どさどさど入ってたど。さあ、お爺つぁん、（なんだべこりゃ。今日は狐にばかさってはぁ、みんな魚盗られてきた、これ）ど思ったんだと。

だけども、お爺つぁんは喜んで儲げだべしは、くたびれてはぁ、ぐうぐうど寝でしまったったど。》

**寺嶋重子**　寺嶋重子でございます。浅生原に伝わる「お授けの石」を語ります。今は語りません。新地の会、丸森の会のみなさまと一緒にトライアングルで語りますので、そのときまでどうぞ待ってってください。

## 人形の力を借りて民話を語る

星美知子

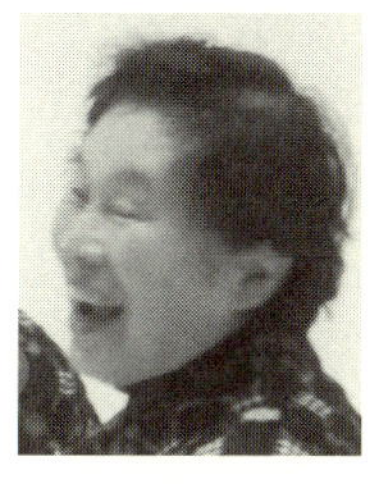

二人で、人形のきょうちゃんと参りました。二人で一人前でございます。それではよろしく

（腹話術「人形が語る」）。

きょうちゃん。『なあにぃ』。

さあ、みなさんにご挨拶をしましょう。『うん』。さあ、ご挨拶ですよ。みなさん、こんにちは。私は、やまもと民話の会のほし。『ええっ、へんだようぉ』。へんなことないでしょう、どうして？『へんだようぉ』。どうしてえ。わかった、わかった。あのね、きょうちゃん、『なあにぃ』。私の名前が星美知子って言うの。『はあぁ。それならいいよお』。

さあ、それじゃあ今日は、むかあし、むかしのお話をしたいと思います。むかしむかしのお話ですよ。『うん、いいねえ』。それでは、話をします。

伊達最南端に語り継ぐ、『へえ、へんだなあ。なあにぃ』。まあいいから聞いてくださいよ。『うん』。

あのね、今からするお話は、『うん』。やまもと民話の会の代表、『ああ、アイさん？』。そう。アイさんがね、それから、みやぎ民話の会のみなさんが採訪くださったお話なの。『へえ、お裁縫習うのぅ』。違うの、違うの。お裁縫じゃなくってね、『うん』。採訪っていうのはね、『なんだあ?』』。

こんなふうにして民話を、人形のきょうちゃんの力を借りて語らせていただいております。私は、あんまり民話ができないもんですから、すっかり人形に頼っています。腹話術をやっていたんですけれども、私が被災をしまして流されてしまったんです。それで、流された後に仲間の人たちが家にあるものをかき集めて、この人形を作ってくださったんです（拍手）。

それで、私は民話と腹話術なんかちょっと結びつかなかったんですけれども、民話ができないのを幸いに人形を借りて、お話をすることにいたしました。そのことをみんなにご紹介したくて、この人形を連れてまいりました。たいへん失礼いたしました。今後ともよろしくお願いいしします。

**渡邊悦子**　こんにちは。名前を渡邊悦子と申します。

私も、被災して津波に呑まれ、なんとか命だけ助かりました。そしてどうにかこの七年過ごしてきました。それで、民話の力ってすごいなあっていう感じで、もう大先輩方がやさしい口調で語ってくださることに耳を傾けてきました。

私も津波に呑まれていろんなことがあったので、何か伝えていかなければならないとは思いながらも、何もできずにいたんですけれども、先月やっと民話の会に入ることにしました。今日は、何も語れないので、大先輩方のお話をお勉強させていただきたいと思います。どうぞよろしくお願いいたします。

**庄司アイ**　私はやまもと民話の会の庄司アイです。私たちの民話語りをなんだへたくそだなあとお感じになる方もおると思うし、なかなか味があると思う方もおられると思います。

私たちは、山元町の四つの小学校に読み聞かせという時間をいただいて、私ら婆つぁんやら母ちゃんやらが小学校に出かけて行って、昔話を語ったり読み聞かせをしたりしているんです。そんなとき、私は民話を語っています。今日、新米の方が、ちょっとちらちらとメモ帳を見ながら語っていましたけれどもね。これからの民話の在り方をみなさんにここでいろいろお考えいただいたり、こうしたらいいんじゃないかという教えを拝聴したりしたいと思って、ありのままをお話ししました。

大事な民話をね、みんな暗記したようにね、昔の婆ちゃんたちのようにするするするすうっと語るっていうのは、とても難儀なものだし、抵抗を感じます。私の周りの人たちもね、「民話を聞くのは好きなんだけども、民話の会さ入っと、語らせられっから入んね、入んね」って、みんなご遠慮な態度があったんですけれども、私はね、読み聞かせという、そういうふうな段階では、なにも民話を読み聞かせてやっても決して悪くはないと思うので、小学校やなんかで、いじめの問題なんかもありますけれども、昔話をいっぱい聞いたり、屁たれ嫁ごも聞いたり、あっちの父ちゃんが三年寝太郎だったという話を聞いたりしながら、子どもの教育のほんの末端に関わりたいと思ってやっております。

ここに教育長さんがおられますけども、たいへんに山元町の教育はすばらしいのでないかなあと思います。一般の人は、ほんの十五分ですけど、学校に行ってお話しすること、読み聞かせをすること、それが町内四つの学校で実施されているので、これからも頑張っていきたいと思います。どうもありがとうございました。



## 天下婆ぁ

増澤真理子

会員みんながそれぞれ自分なりに語ってくれました。会が出来て二十年なんですが、私も会員になって二十年になりました。それで、「司会の増澤さんも何が語れ」となって、私もちょっと語らせてもらいます。「大震災をのりこえて」という題だから、やはり大震災に関係して、浜の話を語ってみます。「天下婆ぁ」って話です。それぞれの町村に分厚い町史があると思いますが、この話は、『山元町史』の第二巻に載っています。なんだかちょっと辻褄の合わないところがあるのだけどもね。ちょうど、花釜からずうっと浜通り、今は家が無くなってしまったんですが、江戸時代にはいっぱい人が住んでいたみたいなのね。じゃあ、これから語ります。

《むがしね、笠野に肝煎の重右衛門という人がいだのね。そごさ、花釜の方がら男の人来たんだと。その男の人は背中さ、婆さん背負ってたんだと。「こんにちは」って来たんだとね。「あのな、この婆さまは天下婆ぁっていうんだ。なんだかずうっと北の浜通りがら宿継ぎしながら、今日花釜に着いたんだげんとも、笠野に泊まりたいんだと。んだがらお連れ申した。間違いないように次々と送り届けてけろなぁ。んだげんとも、絶対忘れてなんねえごとは、いいがぁ、この婆さまは犬が大嫌いなんだど。んだがら村中の犬は全部繋いでおくべし。それがら、馬も嫌いなんだど。んだがら、馬小屋さちゃんとしまって、キビス掛けて（足首を繋いで）おけな。それがらな、この婆さまが大好きなのは魚なんだどや。ほいづも、生で食うのが好きなんだど。聞くどこによっと、笠野の浜で今日大漁だったんだとな。んだがら、魚あっぺ（あるだろう）。魚あげてけろ。このことはね、ずうっと申し伝えるように忘れねようにな」って言うんだと。重右衛門は、「わかりした」って、ちゃんと花釜の肝煎んどこさ返事書いたんだと。「間違いなく、次の中浜に送るがら」って。

そして、婆さまんどこ置いて帰ったんだない。さあ、重右衛門は、お触れを出したと。「さあ、みんな犬繋いでおげよ」って。そのころは、犬ってみな放し飼いだったのね。「それがらな、馬もちゃんと馬小屋さしまえな」って。

肝煎の重右衛門は、婆さまを奥の座敷さ座らせて、「あのね、なんだが御朱印持ってるってんだけど、その御朱印は、どいなもんだが見せでくないん」って言ったっけ、その婆さまがね、懐がら御朱印ば出したんだと。「老人一人、国々諸処にて……寛文、何月何日」って書いてあって、そして下に御朱印が押してあった。「ところでさあ、なんで婆さま御朱印持って、浜通りをずっと旅してんのっしゃ」って聞いたっけ、その婆さまがな、「あのな実はなあ、天下の若君さまが行方不明になったんだ。んだがら、俺がうんと尋(たん)ねて歩ってんだあ」「ああ、ほうすか。ほんで、どうぞお座わりください」って言ったどね。

そうしたっけ、笠野の村がら、みんな女子(おんなこ)どもだちが、「なんだあ、天下婆ぁってどいなんだが見さ行ぐべや。肝煎さまのどこさいんだどや」ってね。ところがその婆さまはね、ちゃんとお座りしたまんま飯食ったり、焼ぎ魚食ったり、生魚食ったりして何にもしゃべんねがったんだと。んだがら、集まった女子(おんなこ)どもだちは、「何がしゃべんだがど思ってたっけ、何もしゃべんねぇやあ」って帰(けえ)っていったんだど。そしてその日は、肝煎の重右衛門のとこさ泊ったのね。そして、次の日花釜の人がら言わった通り、この天下婆さまをちゃんと中浜の肝煎まで送ったの。

それから三日ぐらいかかって、相馬(そうま)まで行ったの。それがら、また何日かかかって、磐城(いわき)の肝煎まで行ったんだね。さて、磐城の肝煎はうんと聡明な人だったど。その天下婆さまに失礼のないよう宿屋さ連れて行ったんだと。

　んだがら、宿屋の主人がな、（あっ、ほんで早くお風呂沸すべ）って。そして、「まず、お風呂さ入んなさい」って言ったんだと。したっけ、その婆さまは、「おらは、風呂なんかいらねえがら」って、遠慮深そうに言ったんだど。「いやぁ、旅の疲れの一番のご馳走はお風呂でがす。どうぞお風呂さ入ってくないん。ちょうど今沸いたどこだがら」「ほだがあ」って、遠慮するふりしてな、その婆さまは、風呂場周りさ屏風立てさせたんだと。しばらくして、宿屋の主人が、（なにしてっぺ）って見だっけ、びっくり仰天したんだと。


　というのは、首から上はちゃんと人間の顔してんのな。ところが、うんと太い尻尾でパシャ、パシャ、パシャってお湯ば叩いったんだと。宿屋の主人は、「あややややあ、なんだこれ、化けもんだあ」って、肝煎んどこさ走で行って、「なんだ、あの婆さん化けもんだよ」って。そんで、肝煎さんも、「んだがぁ、んだがぁ」って宿屋さ走で来たんだって。そんで、見だっけやっぱりそうだ。「ああ、化けもんだ」。

　そうして、「みんな集まれえ」って言って、男衆が集まってきたんだと。そして、その風呂がらひり上げて、荒縄で縛って、蹴ったぐったんだと。そしたっけ、ぐたぁっとなって動がなぐなったんだと。「ああ、動がなぐなった。そのままにしておぐべ」ってなったんだと。そしてね、次の日、宿屋の主人が見さいったっけ、それは大きな古狐だったんだと。

　んだがら、化けの皮っていうのはいつがは剥がれるんだって。そうだよねえ、人間もそうなんだ。嘘こいだって、そのうち化けの皮剥がれるんだという話なんだよね（拍手）。》

# 巨大津波の体験を読む



増澤真理子（司会）　七年前、さっき代表が話したように、あの日の「証言集」を作りました。延べで言うと七十人余りの人が語ってくださったり、書いてくださいました。本当は全員の方に語っていただきたかったのですが、時間の都合で、六人の方にお願いしました。一番初めは、品堀栄洋さんに語っていただく予定でしたが、急にご都合が悪くなりまして、代読をお願いしました。

## 山元町を呑み込んだ第一波　品堀栄洋

（代読・写真　岩佐勝）

みなさん、防災拠点山下地域交流センター「つばめの杜ひだまりホール」にようこそいらっしゃいました。実は私は、このセンターの所長をしております岩佐勝と言います。どうぞよろしくお願いします。実はですね、私はここの職員ですので、この辺をうろうろしておりましたら、「読んでくれ」って言われたんです。司会の増澤先生から頼まれたら、大先輩なので嫌だって言えないんです。だから今ここにいるわけです。それでは読まさせていただきます。「山元町を呑み込んだ第一波」。これを書いたのは、品堀栄洋さん四十五歳。合戦原在住の方です。

《地震後の見廻りでは、合戦原の地区では大きな被害はなかった。従業員の家族は花釜に住んでいるんですが、「まだ避難していない」って言うんで、戸花山から通じる道を東に向いたのよ。お天王さんの方向を見ながら下がっていったわけだが、「あれ、何だ」って、大きな声で叫んだ。防潮林の上が、帯状に烟ったんだおやあ。「火事かーっ」ってゆったら、もう目の前さ水来たもの。瓦礫の山が押し寄せでよぉ。俺の前に車一台走ってで、坂を下っていった。その車、俺ぁ見とどける余裕ねがった。家も車も電柱も押し流して来たよぉ。南がらの波が速がったと思うんだが、そんなどき、笠野の方のいちごハウスなぎ倒さって来たよぉ。俺の足下まで、瓦礫の海だあ。俺ぁ、引き返すのやっとだった。煙ど思ったのは、七メートルの防潮堤にぶ

つかった波しぶきだったんだなぁ。第一波の波ですべて流さった。》（合戦原区在住。『巨大津波　第二集』五ページより）

以上ですが、品堀さんは、山元町消防団第三分団員です。地震発生後、地区の見廻りを終えて、間もなく目の前で大津波の来襲に遭いました。ありがとうございました。

## 私の見た地獄絵

武田あき子

《三月十一日地震後、六キロ離れた勤務先から娘が帰ってきて、孫二人と私たち夫婦五人で避難するための身支度を整えました。寒かったので、孫にジャンパーを羽織らせ、私は財布と

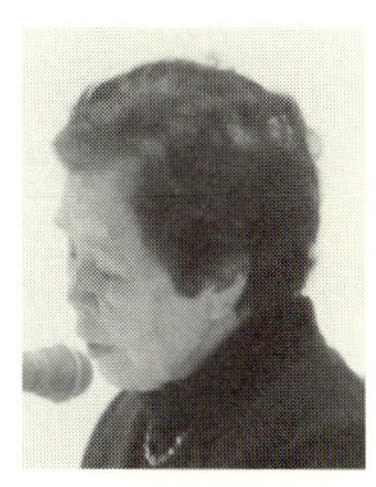

上着をバックに詰め込み、娘の車に乗りました。「祖父ちゃんも一緒にこの車に乗ったら」と言ったら、夫は、「先に行ってろお、追っかけっからあ」と言って、家の中に入っていったのです。

開いたままの遮断機の踏み切りを渡り、駅前に出たとき停車場線はごった返しだった。それで牛橋線に入り、消防ポンプ小屋にさしかかったときには、津波が押し寄せてきて消防団員の方に車を止められ、四人は車を降りました。波は瞬く間におし寄せ、孫二人は消防の方の手で電柱添いにポンプ小屋の屋根にするすると上った。続く私。尻までどっぷり水に浸かって重くて上がれない。次に続く娘は、首まで水に浸かり真っ青な顔で、「早く早く」とせかしている。屋根からは、「祖母ちゃんがんばれえ、祖母ちゃんがんばれえ」って孫の声。消防団の方からは、「バックを捨てろおー」の声。今乗ってきた私たちの車がスウルーっと流れていくのを見た。周りからは「助けてえー、助けてえー」の声。生き地獄を見ていたんです。

それからのことは記憶になく、私は気を失っていたのです。東の空が白みかけるころ、トイレに行きたくなって目が覚めたら、花模様のかわいいパジャマを着て、ペットボトルを抱いて布団の中でした。Tさんの家の二階に休ませてもらっていたのでした。私は、水が引くのを待って消防団の方たちの手で助け出され、おんぶされてここまで来たとのこと。Tさんの家の娘さんのパジャマを借りて着ていたのです。私の家族も一緒に布団や毛布を貸していただいて一夜を過ごしたのでした。ほんとに有難かった。

朝になって、消防の方たちの手で山下中学校に無事避難することはできましたが、「先に行ってろおー」と言ったはずの夫の声は、二度と聞くことはできませ

んでした（嗚咽）。》（花釜区在住。『巨大津波　第一集』二ページより。七十五歳）

## 洗濯機の中のようでした

伊藤静枝

《屋敷内に小さな工場を持って、身内で内職程度ですが仕事をしておりました。

あのとき、私は娘と二人で仕事場におり、大揺れとなったのです。天井からつり下げられた蛍光灯は大きく輪をかきながら揺れ、今にも落ちそうです。娘と二人、機械にしがみついて、揺れが治まるのを待ちました。やっと治まったとき、夫がフィーフィー（犬）を抱えて、「だいじょうぶかぁ」と、工場に入ってきました。足の踏み場もないほど物が散乱。母屋の方に行っても同じ有様でした。前の道路に出てみると、近所の人たちもみんな道路に出ていました。お互いの無事を確認しあっていました。

しばらくしたときに、ガラガラーゴロゴロゴローと雷が鳴ったのです。おやっと思ったのです。「こんないい天気なのに不思議だねっ」って語ったことを覚えています。あの音は、何だったんでしょう。津波で堤防や林が破壊された音だったのかしらと今でも不思議です。

あのあとすぐ、みなさんそれぞれの家に戻りました。夫は、仙台にいる長男に、「家は大丈夫」とメールを送り母屋に入り、私と娘は工場の中の片づけられる部分に手をつけようと始めたときです。駅前通りにある交番のミニパトロールカーが、猛スピードで西に向いて走り、「津波が来ているー、津波が来ているー」と言っているのを夫が気が付いて庭に出たのです。

坂元駅前の方に、七、八メートルのどす黒い大きな山が突進してきて、電信柱を押し倒し、次の電柱にかかったのを見て、「ああっ、津波！」と気が付き、「二階に上がれー、津波がそこまで来ているうー」と叫んだのです。そして、隣の荒さんが外に出ているのに気がついて大声で、「津波ぃー、津波がそこまで来てるうー」と叫んだのです。荒さんからは「上がらんねえ」って、答えが返ってきました。

私は、犬を抱き二階に、続いて夫は娘に手を取ってもらい二階に、夫は六年前にリュウマチを発病し、階段の上り下りは困難でした。私たちが二階に上がって、ベランダの手すりにつかまった途端、庭にある工場の屋根のトタンが、バリバリバリっと母屋の私たちの方におっかぶさったのです。そのとき、家の一階と二階が分断され、水はものすごい勢いで私たちに襲いかかり、窓ガラスと壁を突き破りました。私たちは、その窓枠にしがみつきました。荒さん宅、加藤さん宅、野村建設さんの倉庫のすぐ脇を流されたのです。周りにも、家は流されてくる、車、重機、大木も流されてくる。ものすごい勢いで流れてくるんです。幸い私たちに面と向かって、これらの物の直撃はなかったのです。あの勢いでぶつかってこられたら、私たちの命はなかったと思います。

そうしているうちに、家は傾き、水は天井までになり、渦に入ったのです。まるで洗濯機の中のようなんです。横に回転したかと思うと、縦に回転の連続なんです。「ここにつかまれえー、ほら、こっちにつかまれえー」と、夫は水を飲み、身を回転しながら、娘と私を誘導してくれたのです。私は、「もうだめ。もうだめ」の連続でした。水の恐怖より、水との闘いで無我夢中の時間をどのくらい過ごしたか、いまだわかりません。

そうしているうちに流れが止まり、家が何かに支えられたのか、水が引き始めました。足下あたりまで水が引いたとき、身を乗り出して外を見ました。まるで瓦礫(がれき)の海でした。

西の方、国道六号線には大勢の人たちが集まっているようだし、救急車、消防車、パトロールカーが見えました。娘が身を乗り出して、「助けてくださあいー」って、何度も叫びました。夫も私も精一杯の声で叫びました。でも、西風が強いのか届きません。そのときは太陽がまだ見えていたので、「大丈夫、助かる」と励ましてくれました。ヘリコプターの飛ぶ音も聞こえて、娘は瓦礫をかき分けて大きく手を振って、「助けてえー」と叫びましたが、通り過ぎてしまいました。

だんだん夕方になって心細くなりました。部屋の中を見回すと、コンセントが上の方にあるのです。なんでと落ち着いて考えてみたら、家がひっくり返って、逆さまになって止まっていたのです。「これでは、長丁場になる」と、それぞれ思いました。「何とかしよう」と、二人掛けのソファー、ずぶ濡れの布団や毛布を何とかかき集めたのです。一番は夫の体をこれ以上冷やさないことでした。ソファーの真ん中に夫が座り、フィーフィーを抱かせ、娘と私は両脇から夫を包むように座りました。濡れた布団や毛布を肩まで何重にもくるみました。冷たい風と雪を防げるようにしたのですが、寒くて、冷たくてぶるぶる震えて夜を待ちました。そんなとき、フィーフィーが湯たんぽになってくれたのです。窮屈な姿勢で一晩過ごせるのか不安はあったのですが、瓦礫で動けないのです。何とか瓦礫を寄せたりするのですが、余震なんです。

そんなとき、今まで聞こえなかった防災無線がはっきりと聞こえました。「十六メートルの津波が来ます。高台まで避難してください」なんです。私たちには逃げ場がありません。「もう絶対助からない」と、私は覚悟を決めました。そして娘に、「あなたにはどんなことをしても助かってほしい。そしたら、銀行に多少の預金があるから、兄ちゃんに連絡して、兄妹なかよくね」と話しました。「こんなことで終わりになるなんて」と思い続けました。

どのくらい時間が過ぎたか、十六メートルの津波の気配がないのです。そうしているうちに、何となく安堵感が湧いてきました。国道六号線の人影も見えなくなり、あたりは静かになりました。不安と恐怖、寒さは大きく身に迫っていました。いつの間にか、雪も止み、満天の星空、流れ星を見て思いました。「早く来て、私たちを助けてください」と。

長いような、短いような不思議な時間が過ぎて、夜明けが近くなったとき、雉(きじ)がケーン、ケーン、続いてカラスもカアー、カアーと鳴き朝が来たのです。遠くから人の話し声が聞こえてきます。助けに誰か来てくれたと思ったので、三人声を合わせて張り上げて、「助けてえー」と。「えっ。いたいた。大丈夫か」って、ぬかるみと瓦礫を越えて、五、六人の人たちが来てくれたのです。荒さんを探しにきた親戚の人たちでした。おんぶしてもらい、軽トラックに乗せてもらって、私たち一家三人と一匹は、坂元中学校に連れて行ってもらったのです。

全身ずぶ濡れ、寒さでガタガタ震えの止まらない私たちに保健師さんたちが対応してくださいました。中学生のジャージなど乾いた服を着せてもらい、けがの手当てをしてくださいました。自分の靴下を脱いで、私に履かせてくださった保健師さんもおりました。そして、ストーブの前に座らせてもらいました。毛布の上からさすってくれた優しいおじいさん、温かいお湯とおせんべいをくださった方々、みなさん本当にありがとうございました。私たちが生還できたこと、心から御礼申し上げます。

それから、息子のところに避難したのですが、情報が入らず、戻って坂元支所で過ごしました。町の職員のみなさん、ボランティアのみなさん、町、下郷区のみなさん、そして、私たちに食事を提供してくださった渡辺侊(こう)さんをはじめ、食改のみなさんも少なからず被災されているのにお世話いただきました。

私たちの生かされた命は、犠牲になられた方々の命を無駄にしないためにも、後世に残したく思います。どうもありがとうございます。》（坂元町区在住。『巨大津波　第二集』七ページより。六十三歳）

# うわぁ、なんだ、まさか、嘘だべ　岩佐年明

只今ご紹介いただきました岩佐年明と申します。昭和二十一年元旦生まれです。震災当時はいろいろなことがありましたけども、よもやこのような会で読み上げることになるとは思いませんでした。

『巨大津波』の青い表紙第三集の五ページ、六ページ、七ページです、たった三ページなんですけども、三日三晩寝ないで、仕上げた文面です。ちょっとは寝ましたが……。なるべく標準語で読みますので、一つ我慢して聞いてください。

題名。「うわぁ、なんだ、まさか、嘘だべ」って、なまってしまいました。まずペンをとる前にね、犠牲になられた方々、みなさまにね、合掌ということで、山元町内で犠牲になられて痛ましい形で発見されたのが、私の記憶では、六百七十二名と聞いております。先ほど挨拶の中でね、それから花釜区、町内の方はそれ以上少ないんですけども、それから花釜区、当時二十二行政区あった中で、これまた私の記憶間違ってたらごめんなさい、百四十六人以上、花釜区は二十二の行政区の中で一番犠牲が出てしまったということで、まずここに書いてありますけども、まず合掌から始めました。そこから読ませていただきます。

《うわぁ……、なんだこれ、家がぼっちょごれる（壊れる）んでねえがぁと思いました。しばらくいて、おっかながったけど、外に出てみました。「おお……たいしたごとねえ。いがったな」って、一人心でつぶやいた。「んでは、茶の間でも片づけっかな」っていうことで。そしたら、外を見たら、近所の人たち二台、三台と山下の方面に向かって走って行きました。「もしかして津波がや」、んでも明治生まれの親父からは、「山下の停車場の線路を越えて、こっちまで来ねべ」って、なんとなく地震のたびに聞かされた記憶があるので、「んだなあ、来ねべなあ」という感じでそのまま家の後片付けに入りました。

そんな矢先に足下に津波が来て、「わあっ、こんで駄目だ。逃げっぺ」となったんだけども、一分も走らないうちに車のドアのところまで水が来ました。「ヤバイ」と思い、車の屋根に。そしたら、「たすけてえー」と男の子が叫んできたので手を伸ばし、車の上に二人で乗りました。そしたら、車がプッと浮いて流されてしまいました。「木の枝があったら、つかまっぺなあ」と言い聞かせて、二人でまるでお椀の舟でなく、車の舟でプカプカと流されてしまいました。

目の前をガスを噴き出すガスボンベ、最近のガスボンベは二つチェーンでつながっていて、大きいやつでまるで鯨の潮吹くような形で、目の前をシューと吹いたまんま。昼間は、元栓をぎっちりと閉めてる人はいないからね。ほんとに初めてみて、鯨かなあと思うくらいでした。それから、材木、車いろんな物が流されてる。「うわあ、これは話になんねえぞぉ。どうぞ、ぶつかってきませんように」と祈ってたら、車の前が何かにつっかかって、止まってくれた。「うわあ、いがったな」と、二人で目を合わせました。

　時間は分がんねえげど、空の上ではヘリコプターがブンブンブンブン。手を挙げてもみんなわかってますけど、ついつい手を挙げてしまいました。周りにはおどけでねえ（冗談ではないほどの）ゴミ、ゴミだらけ。当時はゴミと思いましたけども、後になってみれば、すぐその晩まで使っていた日用品ね、生活用品がいっぱい流れてきたってことですね。水位が胸元までになったので、男の子を目の前にあった家へ、「しょうがないから、あと私が謝るがら、ガラス壊して家に入りなさい」と言って入れました。

　自分は家まで戻るべとした。なんとかかんとか、ほんとにぎりぎりまで何回も車に掴まって、下に足が届くまで何回やったかわかりませんけども、おおよそ家まで七百メートルくらいを、近所のブロック塀につかまりながらようやく家に戻ることができた。やっとこさ素足で玄関に上がる。そのとき、「ああ、たすかった」と独り言。

　朝四時ごろから、そのとき寸前まで一緒だったかあちゃんを捜すも見つからず、十四時ころ、保健センターで会うことができた。よかった、よかった。家族四人、それぞれの怖さを体験しながら無事だったことに感謝します。

　今日まで、各種ボランティアさん、周りの方々、行政のとくに町役場の執行部の方は不眠不休でいろいろ配慮していただいて、心から感謝しつつ過ごしております。七歳の孫娘の小さな手と共に、朝な夕な海に向かって静かに合掌。ありがとうございます。》

　でぇ、ここまでなんですけど、一つ付け足させていただきますと、さっきの男の子は当時中学三年生で、今はどうしているかわかりません。俺家（おらい）のかあちゃんは、あの時の男の子の家に倒れこんで助けられたという、とても信じられないような、んでもなんかあるように思ってます。

　結びに、庄司アイさんの語りべの会に感謝しつつ、これからも私たちのために一生懸命ご活躍くださることをご祈念申しあげて、先ほど森博子さんが言った、「これできまり」ということで、終わらせていただきます。ご清聴ありがとうございました。（花釜区在住）

『巨大津波　第三集』五ページより。六十五歳）

## 漁師魂を伝えたい

志小田恵子

みなさん、こんにちは。まさかここでまた発表する機会を設けていただいたということは辛いものがありますので、ほんとは私はここでの朗読をあまり希望しなかったんですけども、この機会にみなさんにお伝えしたいと思います。

《山元漁業協同組合で事務の仕事に携わっていたころ、漁師さんたちが命がけで海に出て行く姿や、浜で暮らす人たちからいつも感動をもらっていました。

特に、門間義一（もんまよしいち）さんのこと。彼は、いつお会いしても笑顔を絶やさない温厚な人柄で、それでいて一本筋の通った本当の漁師でした。私が退職後、「やあ、あんどき世話になったなあ」と言って、ドンと樽に入った魚を持ってきてくれました。春にはスズキ、夏が近づけば夫の大好物の天然のホヤ、暮れには年越し魚と称してカレイを届けてくれたのです。その中には、魚屋の店頭に出ない賄い魚が混じっていて、これがまた楽しみでした。

三月十一日、あの大津波。磯地区は全滅。私の住む中浜区も三百十四戸のうち、私たち高台に住んでいた二十四戸が残っただけです。私の実家も流され、弟家族が避難してきました。私は、あの恐怖を我が家からこの目で見ていました。

毎日毎日苦しい情報が入る中、門間義一さんは大丈夫だろうかと心にかかって過ごしておりました。でも、義一さんの訃報が、人づてに耳に入ったのです。

十日ほどして、坂元支所で奥さんにお会い出来ました。「夫は亡くなりました。夫は、船と最期まで一緒で、ロープで体をグルグル巻きつけて……」と。

私は言葉もありませんでした。それから、ずうっと義一さん、奥さんのたか子さんのことが頭から離れずにおりました。私は、やまもと民話の会で出版された『津波体験─語り継ぐ─巨大津波』を手にしたとき、「そうだ。義一さんのことも、こうして語り継げたらいいのになぁ」と思ったのでした。第二集を作るために体験などを聞き取り中ということを民話の会の庄司さんからお聞きして、「ぜひぜひ、義一さんのことを語り継いでほしい」と申し出たのです。

それから、たか子さんの都合に合わせて、中央グランドの仮設を訪ねたのは、十月十四日でした。庄司さんにも同行いただきました。たか子さんは、下の息子さんと一緒で、隣は長男家族で入居なさっておられました。

　私の家はね、高台にあったの。夫は、「どんな高え（たげ）津波でも大丈夫。もしものときは、みんな俺家（おらえ）さ上がってごぜぇ」が口癖でおりました。あの地震の直後、「沖さ船出してくる」って、息子も「行ぐ」というのを、「俺ぇ独りでええ」って出たのね。そしたら、すぐ戻ってきて、「道壊れでて駄目だー。自転車で行ぐ。みんな危ねぇから外さ出んななー」と言う後ろ姿に、「気をつけでねー」って、声をかけたのが最後だったんだねえ。

　港の様子は私にはわかりませんが、後で聞いたのには、ここの磯浜漁港から船を出したのは夫一人だったんです。これも後で聞いたんですが、相馬松川浦の漁師さんがね、あのとき、沖に向かってて無線で夫としゃべったんだそうです。それが途中で通信とぎれてしまったんだど。その漁師さんも大波で船はグラグラ、立ってらんない。船は浮き上がったり、投げらったりで足はガクガク。怖いのなんのって、言葉では語れないって。その方は助かって、「おそらく、あれは第一波でなかったがなあー、そう思う」と言ってました。

　夫は、十二日昼近く、相馬沖で海上自衛隊の方に発見されたようです。でも、身元不明で私たちに連絡があって確認したのは、二十一日でした。それも火葬後のことで、夫の衣類がありました。写真も見せていただきました。舳先の分断された船に、夫はロープでグルグルと体を巻き付けていたんだそうです。顔写真は、はっきりしてて、安らかな表情でした。三日後の写真もあったんですが、それは顔がぶちてて（斑点が出て）見る影もないのです。夫は、最後まで船と一緒でした。ロープで体をグルグル船に巻き付けるときの夫の気持ちを思うと胸がはりさけるようです。

　診断書は、頚椎骨折。衝撃が大きがったんだねぇ、きっと。夫の船は、第三共徳丸です。それで、戒名も船の名前をとってくださって、「共徳院聡恵日義居士」です。八月十六日、夫の納骨だったんです。

　ところがね、入院中の義母（はは）が、納骨を済ませてすぐに亡くなってしまったんです。夫が義母を連れてってしまったんです。義母は夫が三十九歳のとき、病に倒れ、以来闘病生活でした。でも、不自由な義母を丁寧に見守ってくれてたんです。それから、義父（ちち）もホッキ漁で巻き網機にからまれ、片足切断という不自由な体でおりました。親孝行で大勢の家族の大黒柱。孫たちにもやさしい夫でした。義母のことは連れて行かないでほしかったのですが。大勢でにぎやかで楽しい日々のことを思うとね。

　長男はあれ以来、「海は怖い」って、父の跡継ぎはしないと言っておりました。ところが、最近になって、「父ちゃんのような漁師になる」と言ってくれたんです。真剣に考えていたんですね。それで、今は海の瓦礫片付けの人夫に出てます。漁業構造改善事業というのがあって、船を造るのに四分の三が補助になるようなんです。船は家を一軒建てるよりも高額なんです。父親と海に出ていたし、夫の意志を継いでくれると言ってもらったことがうれしいです。

孫はね、小学校で、爺ちゃんのことを作文に書いたんだって。それが特選になったっていうんで、みんなで喜んでいます。夫は、本当の船方だったんだねえ。昔気質のところもあってね、「ただいまー」って帰ってくるような錯覚してね、今でも夫を待っている自分に気づきます。

満面の笑顔は、今も私の目に深く焼き付いて離れない。漁師の中の漁師であった、やさしい家庭を育んだ義一さんのご冥福をお祈り申し上げます。そして、息子さんが、磯浜漁港から漁に出る日の近いことを念じます。》（中浜区在住。『巨大津波　第二集』一〇八ページより。六十八歳）

## 死者の慟哭に耳を傾けて
### ―合戦原避難所の運営―

椎谷照彦

《合戦原（かっせんばら）区内の避難状況は、南ブロック区民と新浜の諏訪原（すわっぱら）、戸花の住民は山に逃げ込んでみやま荘に駆け込み、中ブロック区民と真庭（まにわ）区民は、自家発電と自家水道が確保されている宮城病院の新病棟に避難し、合戦原学堂には、区内全体と近隣の津波被災者であふれ、足の踏み場もない八十名になりました。すべてのライフラインが破壊され、電気は停電、水道は断水、電話は不通、下水道もストップという生活に直面しました。

三月十一日の夜は、とても寒い日でした。合戦原学堂にあるヒーターストーブは停電で使用できませんでした。そのため、区長は各人の自宅にある古いマッチ点火のストーブの提出を求め、三台確保することができました。幸い集会所には、灯油が残っており、常磐自動車学校の生徒が流され、合戦原学堂に救出されて、みなが持ち寄った服に着替え、砂糖湯を飲ませ、マッサージをし、ストーブの前で震えを止めることが出来ました。

避難者の中には、一歳半の幼児をかかえた若いお母さんの、「夫と義母（はは）に連絡がとれないのです」という嘆きのなかの一夜でしたが、各人が持ち寄った毛布に足を突っ込み、古いストーブ三台の炎の光と暖かさは、不安のなかでも落ち着きを与えるものになりました。

余震の中で一夜が過ぎ、ライフラインの破壊の下（もと）で、今後の生活をどうするかが課題になりました。合戦原学堂はプロパンガスでしたから、地元のプロパンガス会社の社長がすぐに安全を確保し、プロパンの補給もしてくれました。そこで、区長は避難者にお米の提供を訴えて、まず三十キロのお米を確保することができました。ただちに、防火クラブ女性部の炊き出しが始まりました。女性部は、一昨年の角田市で発生した山火事で、合戦原消防団と町の対策本部に連日の炊き出しを実施していた経験が活かされ、今回も南、中地区の避難者のみならず、町災害対策本部の方々を対象に炊き出しを続けました。お米は、最終的に二百五十キロという膨大な量が提出され、二か月後には、残ったお米を提出者に返しました。

「みんなが使っているトイレは使用禁止にすべきでないか」との意見が出され、学堂のトイレが詰まったなら感染症の発生が心配され、恥ずかしさを忍んで畑に穴を掘って用を済ませることにしました。登山好きの男性は、「男は雉（きじ）を撃つ。女は花を摘む」とたとえてくれました。その後まもなく、農家の方が毎日毎日、農業用の大きな水がめに井戸水を汲んでくれました。それで、トイレを再開しました。バケツに水を汲んでトイレに流し、山小屋のトイレのように、紙を分離して流さないことが徹底され、大勢で使ったトイレは、一回も詰まらず利用することができました。

また、避難二日目の夜には、地元の自動車修理工場の社長が車の尾灯とバッテリーを持ち込んで、避難所全体を照らすことができました。一燭の明かりが、避難者にどれほどの安心感を与えてくれたことか、ここにも区民の知恵と力が発揮されました。

飲料水は、隣の高瀬地区の井戸水を手配しましたから、食料と水、暖房と電灯、そして燃料も確保し、まずは、避難所生活を乗り切れる状態を作ることができました。

合戦原災害対策本部の構成は、形式に拘（こだわ）らず困難な事態をただちに打開できることを重視してきました。合戦原区は百戸の集落ですが、震災の犠牲者が五名になり、行方不明の発見には一か月以上も時間がかかりました。そのために葬儀・葬祭に詳しい区役員を、「葬儀・葬祭アドバイザー」に任命し、亘理（わたり）斎場はいっぱいなんで柴田や白石斎場を利用すれば、土葬ではなく火葬にできるとの情報もいち早く伝え、犠牲者の家族の悩みに応えてくれました。

また、病気に対し経験豊かな元看護師さんを本部に加え、避難所の感染症対策、避難高齢者の対応に力を発揮してもらいました。それだけに、国立医療センターから派遣された「避難所の感染症環境問題調査団」は、「トイレの臭いもせず、手洗いうがいも徹底されており、町内の避難所のうちで一番環境がよかった」との評価を受けました。

震災二日目、宮城病院には多数の怪我人と患者が運ばれており、「酸素も少なくなっているので、合戦原から応急入院させたい患者を酸素のある病院に転送させてほしい」との要請がありました。そこで、救急車を手配しましたが、「五時間、六時間後になりかねない」との返答でした。一般車両は交通制限があり、患者の搬送にはどうしても救急車両が必要でしたから、元看護師は災害対策本部に、「携帯酸素ボンベが少なくなっているんです」と、事態の緊急性を訴えましたがうまくいきません。ところが、目の前に消防自動車があり、「消防車も救急車両ではないか」と訴え納得してもらい、無事患者さんを転移させることができました。「消防車で患者を輸送したのは初めての経験」との話でした。

一方、津波で被害を受けた方々が、区内の親戚友人を頼りに疎開、避難してきました。その方たちが、二十七世帯八十六名になりましたので、総務部長がこの疎開避難者を担当して、避難者のニーズ集約と対応を独自に進めてもらいました。

震災三日目に、避難所から片付けのために自宅に帰る人々も出てきたから、区内全所帯を対象に、今後の住まいをどうするか、自宅で食事の用意ができるのか、区として援助できる課題はなにかを重点にアンケートを実施しました。このなかで多かったのが地震で棟瓦が崩れ雨を心配している、対処して欲しいとの要望でした。区災害対策本部で検討した結果、防災部長はあいづや（板金屋）さん、防災副部長は大工さんという好条件の下、防災部長の責任者に区民ボランティアを募り、ブルーシート張りの応急修理を区独自で行いました。修理代は有料にして精算時に三割を補助事業として希望者を募りました。これで、区内四分の一の所帯二十五件を修理しました。また、独自に修理した方々には、区から見舞金を支給しました。

合戦原区は十年前に、集会所建設にあたり一千五百万円の自己負担があり、その対策のための区基金制度を長期にわたり実施していました。震災の時点で、百四十万円の基金が蓄積されておりましたので、三十万円を震災対策として取り崩すことを決め、棟瓦修理補助なる提起も財政的な裏付けがあったからこそできました。同時に、「何もできなくて申し訳ない」と、区民が募金を寄せ、「何の支援が必要ですか」との見舞客には、率直に募金を訴えました。その額は二十数万円になり、最終的には基金を取り崩すことなく黒字になりました。

時が経つなかで、避難所でも、避難者のいる家庭でも、いろいろの軋轢が強まっていました。そのときは、「死んだ者は何も言えない。死者の嘆きに耳を傾け、流された家の悲しみに耳を傾けてほしい」と、率直にお願いして、矛盾が大きくならないように努力をしてきました。

三月二十三日に開催された区長会議のなかで、町から合戦原学堂避難所の閉鎖の方針が提起されました。この提案に対して区長は、「津波で命からがら逃げかえり、やっとたどり着いた避難所で、一人のインフルエンザやノロウイルスを完全消毒し患者を出さずにきたので、合戦原学堂避難所の閉鎖には反対」と主張しましたが受け入れてもらえず、その後、合戦原学堂災害対策本部でも議論しました。会議では、町の閉鎖方針に賛成する者は一人もなく、区独自の自主運営を決めました。

それは、同じ合戦原区内の老人憩いの家には、津波で壊滅した集落の百四十名の避難者であふれ、新型インフルエンザも発生している現実を目の当たりにして、「四月からの統廃合などとんでもない」ということがみなの気持ちでした。合戦原学堂避難所は、地震による心的外傷のストレス障害で体調を崩した二家族を除き、三月三十一日で基本的に閉鎖といたしました。

しかし、区民、他地区からの避難者、宮城病院の職員も対象に、全国からの支援物資支給などを行う「合戦原学堂支援センター」に切り替え、三か月後の六月十二日、「被災三か月、みんな元気ですか。合戦原学堂避難所支援センター解散式」には、常磐自動車学校で流され救出され、学堂に逃げ込んだ亘理町の十八歳の青年が元気な姿を見せ、「県立専門学校に通っています」と、未来の電気工事士への希望を語ってくれました。

こうして、地域の拠点として合戦原避難所は大きな役割を果たしました。以上です。》（合戦原区長。『巨大津波　第二集』六七ページより）

**増澤**　ありがとうございました。私も同じ地区に住んでで、本当に椎谷さんにはお世話になりました。合戦原は割と高いところにあって、建物の倒壊はほとんどなかったんです。ただね、区長さんの家だけは駄目だったんだよね。建て直しをしたのは椎谷さんの家だけだったんです。他の家は、中は少々の毀れはあったんですけどもね。運命の神様は酷なことをするもんだと思いました。本当に、椎谷さんありがとうございました。

六名の方に生の声で読んでもらって、やっぱりね、あの日のことをまざまざと思いだしました。やはり語り継がなければならないなあと思いました。

# 伊達最南端の民話を語る

トライアングルの会

**萱場裕子**（司会）　トライアングルの会というのは、平成十六年（二〇〇四）に発足したんです。新地語ってみっ会と丸森ざっと昔の会とやまもと民話の会の三団体が一緒になって、毎年一回くらい集まって民話を語ってみましょうという会だそうです。毎年会場を移し、三年に一回は会場を引き受けています。今年は丸森町にみなさんで行って、そこでお話をしあうということになります。

　新地語ってみっ会の方、お手をお上げてください。三人いらしています。それから、丸森ざっと昔の会の方、今日はお二人いらしてます。そして、やまもと民話の会がお二人です。では、時間が足りなくなりますので、進めさせていただきます。

## 鹿狼山の手長明神　新地語ってみっ会　鈴木寿子

みなさん、こんにちは。

私は、新地語ってみっ会の鈴木寿子（としこ）と申します。私たちの自慢の山、鹿狼山（かろうさん）の話をしたいと思います。

《むかぁしむかし。

新地の山さ白い髭をはやした手の長ぇ（なげ）神さまが、白い狼と鹿と仲良（なかい）ぐ暮らしていだったと。どこさ行ぐにも、その鹿と狼連れて歩って、うんと可愛（めんこ）がってたぁ。そして、新地の山さまたがって四方八方を眺めて暮らしていだったど。青々とした田んぼや畑、秋には黄金色に光る稲穂どか、釣師（つるし）の浜のぴかぴか光る海どか、それはそれは眺めがよくて、なんぼがいがったべぇ。天気のいいどきなんぞは、海の向こう側さ金華山なども見えてな。

　あるとき、山さまたがって四方八方眺めていたれば、うんと腹減ったんだと。（なにが食うものはねがんべがぁ）ど思って、その長ぇ（なげ）手ぐうっと伸ばして、新地の浜ぁガラガラガラガラかんまぜでぇみだど。したれば、獲れっこだぁ獲れっこだぁ、ホッキ貝やらアサリやハマグリやらいっぺぇ獲れたんだって。食ってみたれば、いやぁ旨（うめ）ぇくて旨（うめ）ぇくて舌（べろ）抜げる。ほして、毎日、毎日腹減っと手ぇぐうっと伸ばして、ガラガラガラガラ獲って食ってはポイ、獲って食っては貝殻（けえがら）ポイって。そうすっと、その山と浜の間さ貝殻（けえがら）の山いっぺぇになったんだと。ほうして、その山が新地貝塚として、今は国の指定になってるんだあ。

その手の長ぇ神さまを祀って、「手長明神」としてそこに祀られて大事にされてたんだが、今は、二羽渡神社というところに合祀になって、地元の人たちに大事にされているんだね。ほうして、その神さまがまたがった山は、鹿と狼の字をとって、鹿狼山と呼ばれるようになった。

鹿狼山、俺方の自慢の山だ。とってもいい山だから一度来てみてください。おしまい。》

**萱場**　ありがとうございました。すごい話ですよね。手をぐいーんと伸ばして、ガラガラして貝っこ食べたなんてね。今は、神さまはそういうごとしないんですか（笑い）。一回見てみたいですよね、そういう姿をね。では、次の方にお願いします。

## 新地の浦島太郎

新地語ってみっ会　竹澤永

みなさん、こんにちは。

新地語ってみっ会の竹澤永と申します。語るのは苦手なんです。聞くのが大好きなのです。そういう語りなので、みなさんよっく聞いてください。新地に伝わる「浦島太郎」の話なんですけども、これは、荒保春さんが語ったお話なんです。それで今日は、半分真似っこして語らせていただきます。浦島太郎というのはね、亀の背中に乗って竜宮城に行くお話なんですけども、新地の浦島太郎は、舟で行ったんだそうです。どんな話になるんだが、まず語らせていただきます。

《新地の埒浜はない、むがぁしがら潮の流れが悪くて、こっから舟を出して漁する人なんて誰もいねがったんだと。でも、ほらどこさでもいっぺぇ、天邪鬼の一人ぐらいは。

ほすとな、ある若え者が舟造って「初漁だ」なんて言うどな、埒浜の人だちは、「なぁんだ人の言うことも聞かねで海さ出はっていって、魚なんて獲んなくたっていいがら、無事に帰るだけ帰ってこう」なんてこう言って悪口言ったもんだぁ。でも、この若え者もなぁ、一環丸に乗って埒浜がら沖さ出てったど。

ちょうど亀岩辺りまで行ったっけなあ、潮に巻ぎ込まれて目ぇ回して、海の底さ引きずりこまってなあ、気が付いたっけ、そこは竜宮城だったんだと。まあ、綺麗に着飾った乙姫さまに迎えられてな、ほんに昔話に出てくるようなきらきらしたどこだったんだと。見たごともねえ楽器で、聞いたごともねえ音楽でなあ、山海の珍味、山ほど出さっちぃ、「ほら食え、ほら食え」って。ほんに時のたつのも忘れるほどだったと。竜宮城の一日は、地上の一年だ。

　昔浦島太郎もな、竜宮城で数日遊んだと思ったっけ、何十年も過ぎだったたって話を思い出したんだと。ほんで、乙姫さまの止めるのも聞かずに、無理やり夕方帰ることに決めたんだと。ほしたら、乙姫さまに玉手箱お土産にもらってなあ、また一環丸に乗って、潮の流れに乗って浮き上がってきたっけ、そごは亀岩辺りだったので、「ああ、無事に帰ってきた」って、その若え者も喜んだんだって。

　ほうしたら、埒浜の人たち、「いやあ、魚一匹獲んなくたって無事に帰ってきたんだら、ほんでいがったあ」って、うんと喜んだんだと。この若え者は、意気揚々と舟があがってきてな、「俺一人でなあ、竜宮城さ行ってきたんだ。ほして、こうやってお土産まで貰ってきたんだ。家さ帰って、この玉手箱開けて見せっから、みんなついて来う」って言ったっけ、浜の人たちは、ほの宝物見たくてゾロゾロゾロゾロとついて来たど。そして、「この玉手箱の中にはな、小ちぇ宝物がいっぺぇ入ってるんだ。蓋とって空気さ触れっとな、グングンと大きくなる。んだがら、ある程度大きくなったらな、それ止める呪文を掛けるんだ」って、こう一通り順々に説明して、玉手箱の蓋取ったど。ほしたらばな、中には、ほんにキラキラキラキラ光る宝物いっぱい入ってたんで、みんなびっくりして眺めたど。それ眺めったたっけ、小さくなる呪文忘れてしまったんだと。あれよ、あれよと見ている間になあ、大きくなって大きくなって家も突き破って、外さ出て行って、石森山の山より高くなって大きくなって、地上よりも大きくなって、今だぁに大きくなってるんだそうだ。

　夢のある話だねえ、こんでおしまい。》

**萱場**　ありがとうございました。いやぁ新地の埒浜に亀岩って実際にあるんですよね。今度そこに行ったらば、浦島太郎に会えるかもしれませんねえ。

## 小鯨・舟越地蔵　新地語ってみっ会　村上美保子

　新地語ってみっ会の村上美保子と申します。よろしくお願いいたします。新地語ってみっ会は全部で八名いるんですけども、実は被災しているのは、私一人なんです。他の方たちはみんな無事だったんです。

　私の家は、海から二百メートルくらいのところにありましたので、自宅はもちろん、家は旅館でしたので、旅館ごと全部流されてしまいました。その瓦礫の中から泥だらけでこの作務衣が出てきたんです。あとは全部流されて、ですから、私はこの作務衣一つで着たきりスズメです。ですから、今日はこの作務衣を着て、新地に伝わります、津波に関係しているんじゃないかなと思われる、地名の謂れのお話をしたいと思います。よろしくお願いいたします。

《新地町には、小鯨とか船迫とか八千山とか地蔵森とか津波に関係してるんだって言い伝えられている地名が残ってるんだな。んだども、新地町の歴史を記録した『新地町史』にも、それから新地町の荒保さん、保春さんという親子で、新地の昔話や言い伝えなどいろんな話を収集記録していた人たちがいたんだども、その人たちが残した『口碑福田史』という冊子にも、六冊くらい残ってるんだけども、その一巻から六巻まで、どこ探しても津波のことを書いた記録は一つもない。んだがら、津波に関係あるんだよっていうふうに地名のことを教えらってきたんだげっとも、新地の人たちは、ほんとに津波が来るとは思ってねがったのね。

　んだども、東日本大震災で、ほの地名の残ってるところのほんとにすぐ傍まで津波が来て、初めて新地町の人たち、「ありゃあ。んでぇ、あの話ほんとのことだったんだべした」ってうんと思ったの。んでも、後の祭りっていうが、（新地には津波来ねもんだ）ってみんな思ってたがら、約百十六名の人が、避難をしないで亡くなってしまったのなあ。（もし、新地に昔、それほど地名の残ってる辺りまで津波来たことあんだよってことが、本当のことだって語り継がれていたら、これほど、多くの人の命おとさねくてすんだがなあ）って思うと、ほんとに悔しくて、残念で仕方ねえな。

「小鯨」っていうところは、津波のとき、鯨が海から二キロくらい離れた内陸の方まで流されてきた。その鯨、大きい鯨でなく小ちゃこい鯨だったもんだがら、その地名が、小鯨ってつけられたんだって。

「船迫」っていうところは、新地の人たちはなまってるから、「ふなはさあ」って言うんだども、やっぱり津波のときに、やっぱり二キロくらい内陸に入ったとこなんだども、そこまで鯨みたく舟が流されてきて、舟がくるくるくるくるって渦巻いて流されたので、「ふなはさあ」って地名ついたんだと。

　さっき言った荒保春さんの『口碑福田史』なんか見ると、保春さんは、「新地には、あまた多くの地名有れども、意味不明な地名船迫」って書いてるの。だから、（あれほど新地のことあっちこっち歩き回って調べて、記録して残した保春さんでさえも、新地に津波来るとは思ってなかったのかなあ）って思うの。

それから、「八千山」っていうのは、津波のときに、ここの山は海から一キロまでは離れてないんだけも、七、八百メートルくらいかな、この山に八千人の人が逃げて上って助かったというので、八千山って名前ついたんだと。んでも、新地、今やっと人口が八千人だから、小さい町なんで、（昔、八千人住んでたかなあ）って思うんだけども、（八千というのは、八千人という意味でなくて大勢、八千八声とか言うから大勢って言う意味でないんだがなあ）って思うの。

そしてその八千山、明治三十一年に常磐線が通るときに、山の真ん中切り崩して、そこに線路敷いたもんだから、今は、山としては残ってなくて、地図にも八千山っていう地名は消えてんの。

んだども、みなさんもたぶんニュースなんかでご覧になったと思うんだげんと、その八千山のすぐそばにあったJR新地駅は被災して、止まっていた電車も流されたのな。そのこと思うと、やっぱりあの八千山に多くの人が逃げて助かったという話は、本当の話でないんだべがねえ。

それから、「地蔵森」っていうのは、海抜三百四十八メートルの、そんなに高くない山で、新地と丸森の境のとこにある山なんだげんとも、ここにも津波の伝説が残っているの。

あるとき、津波が来て福田の大町という、一番初めに話した小鯨という付近の地名なんだけど、その大町にお地蔵さまをお祀りしてたんだと。「大津波が来るから、流さっちゃあたいへんだあ」って、福田の人たち、すぐに舟さお地蔵さま乗せたんだと。そごさ大津波来た。そのお地蔵さま乗った舟、船頭も何にも乗ってないのに、まるで船頭乗ってるかのように、大津波をグングングン乗り越えて最後にはとうとう山の天辺まで乗ってしまったんだと。

福田の人たち驚いて、（このお地蔵さま、たいした力あんでないべが。ご利益あんでないべが。きっとこれから先も福田の人たち守ってくれるんでねえがなあ）って考えて、その山に地蔵森って名前つけて、その天辺にお堂を造ってそこにお祀りをして、鳥居まで造って、「地蔵森神社」と名前つけてお祀りしてる。

そして地蔵森神社は、今でも新地の人たちから厚い信仰を集めていて、特に漁師の人たち、何日も何日も不漁が続いたり、新しい船を造ったりしたときは、必ずそこにお参りするっていう神社なんだ。

だども、ちいっと不思議なことがあんのね。お地蔵さまっていうのは、地蔵菩薩っていうくらいだから、あれは仏教のお仏さま。んだども地蔵森神社は神社と名前がついていて、お堂があって鳥居まで建ってるから、それは神道の方のお祀りの神さま。そしたら、いったいあのお地蔵さまは仏教なのか、それとも神道なのかねえ。私が思うに新地の人たち、仏教と神道と二つ合わせたぐらい有難いお地蔵さまとしてお祀りしてんでないかなって思います。》

これで、新地の津波に関する謂れはおしまいなんですが、昨年こちらのやまもと民話の会で岩本由輝先生が「口碑口伝は、先人からの大事なメッセージだから大事にしなくちゃいけない」ってお話をしてくださいました。（このように、津波に関わる地名と謂れが残ってるっていうのは、やっぱり先人から私たちへのメッセージであり、警告でもあったんだなあ）っていうふうに思います。一番最初にお話ししました荒保さん、保春さんという親子がたくさんの昔話を記録して残してくださっています。新地町でたぶん、数えたことないんですが、百くらいはあるんじゃないかなあと聞いています。私たち新地語ってみっ会は、その先人からのありがたい大事な宝物を、これからも大事に大事に語り継いでいきたいなって思ってます。ありがとうございました。

**萱場**　ありがとうございました。今の話で言えばですね、やっぱり地名とかを勝手に変えてしまってはだめなんですね。次は、丸森ざっと昔の会の方にお願いいたします。



## 子は清水

丸森ざっと昔の会　松崎せつ子

丸森ざっと昔の会の松崎せつ子と言います。一月に、子どもや孫、ひ孫から八十八歳の米寿のお祝いをしていただきました（拍手）。手足は男でも、口だけは乙女でいたい。喋ったり小言言ったりして、若い人に嫌われないようにしたいと思ってるんですけど。今日は、「子は清水」というお話です。

《丸森町の筆甫（ひっぽ）という部落がありますが、そこに古田っていう山の中の部落があるんです。その古田っていうところに、炭焼きをしている親子が暮らしったのね。山の木を伐って炭窯作って、その炭窯で炭を焼いて、出来上がった炭を炭スゴっていうのに詰めでぇ、それを背負って、丸森の町さ売りさ来るんだって。

炭を焼ぐのは息子で、その息子の焼ぐ炭はたいへん上等で、親父はその息子の焼いだ炭を背負って丸森の町さ売りさ来るの。その炭を炭屋に売って、何ぼ何ぼで今日は買ってもらったってんで、お金を貰って、懐の銭袋さ入れて、そして帰ろうとすると、炭屋の婆ちゃんがね、「古田のおんつぁん、コップいっぺえどうだ」って、こう言うのね。そうすっとうれしくてはね、親父は、「んでぇ、いっぺぇ貰うがら」って、コップいっぱい引っかけて、ああ、引っかけるとはもう気持ちが晴れ晴れとして、疲れもふっ飛んで、そうして、山の我が家を目指して行くんだない。

　やあ、ほんとに綺麗な山なんだってね。来るときは、重でぇの背負って下りだげっども、家さ帰っときは上りになんだない。んだげっとも、上りだっていっぱい引っかけてっからうんと足も軽々として、「ああ、綺麗な景色だなやあ、俺(おら)の故郷はたいした綺麗なもんだ」なんて言って、歌っこのひとつも出るんだね。

　はあぁー　見せてやりたあやぁー
都会の人にいぃ　一目千両の山紅葉ぃ山紅葉
あぁ　いっさいこれわい　ぱらっとせぇ

なんて歌っては、軽々と坂上って行くんだねえ。

　そして、途中の息子稼ぇいでだどこさ行って、「ほれ、今日これぐれぇ売りあげぇたぞ」って、銭袋息子さ渡して、「俺(おら)コップいっぺぇ引っかけだからなあ」って言うんだって。息子も最初のうち大目に見ったのねえ。んだげっとも毎日のようにね酔っぱらってくるから、（この親父）って思って、「いやぁお父(どっ)つぁん、毎日町さ行って炭売って、その金で毎日飲まったんでぇ俺(おら)も立つ瀬ねえ。あのなあ、父ちゃんも今から年よっていくんだがら、馬でも買って、楽させようと思ってんだぁ。毎日飲むのは止めでぇけねぇがぁ」って言ったど。父ちゃんはね、（ああ、ほだなあ）ど思って、「ううん」って返事して、それがらは、町の婆ちゃんに、「炭焼ぎ駄賃コップがあ」って言わっても、「いやあ、今日はいい」って、帰り足の重だいごど。とぽらとぽらとぽらとぽら（疲(こ)えなやあ）って歩って、歌っこなど歌う気ぃねえのはぁ。

　そんで、やっと家さ帰って、そういう日続いたっけ、あるどきない、（疲(こ)え疲(こ)え）って歩いてったっけ、上の方がら一人の白い着物(いしょ)着た、髭はえたお爺(ずん)つぁんが下りて来たんだと。（なんだぁ、見たごとねえやつ来たなあ）って思って、疲(こ)えくて下の方見て歩って行ったっけ、ほの白い着物(いしょ)着た爺(ずん)つぁんが、「これぇ親父。なんだぁすげねえ（愛想のない）顔してぁ、案配(あんべぇ)でも悪いのがぁ」って言ったんだと。「いやぁ、案配(あんべぇ)は悪ぐねえげんとも疲(こ)えくてなぁ。いっぱい飲みでぇどこなんだげんとも、息子になあ俺(おら)止めらってるんだぁ。んだがら飲まれねんだあ」って。「ああ、そうがあ。そんでそいづは息子の言う通りだぁ。んじゃ止めだ方いい、息子さ従え。ほのかわりなぁ、いいごと教えっから。とくとく行ぐど、あそごさ清水湧いてっから、その清水ば手でひょうと掬って飲んでみろ。そうすっと元気でっから」って言わった。そして、さっささっさとその年より下りて行ったど。

　ほんで親父は、「なぁに、人の気も知しゃねぇで、ほだぁごと。水飲んだって、疲れなんかとれるわげぇねえべ」なんて言って、上っていったっけ、その清水んどこまで来たっけ、やっぱり喉渇いてね、両手で掬って、ごくっと飲んだんだと。なんと、その水の旨えごと。「ああ、旨えごと。なんだぁ、もう一回。ああ、旨え、旨え。あれ、これ町の炭屋の婆ちゃんの酒より旨え。なんだこれえ」。ほうして、いっぱい飲んでねえ、いい機嫌になって、歌っこなんて歌いながら息子んどこさ行って、「はい。今日の売り上げ」ってやったっけ、息子、「なんだぁって銭袋の中は減ってないのに、なんで親父こだってあ（こんなにも）機嫌いいんだべえ。頭でも変になったんだべがあ」って。

　息子ね、（父ちゃん頭変になったんでねえべが）って思って、父ちゃん帰ってくんの見計らって、そこっと父ちゃんの後ろ追っかけていったんだって。そうしたれば、その清水んとこまで一目散に来て、ごくごくと飲んで、「ああ、旨えなあ」って、まだごくごく、「ああ、旨えなあ」って言って、急にぴんぴんとなったんだと。「おがしいごとなあ。おら家の親父こごさ来て、ああ旨え、ああ旨えって、そんで俺も飲んでみっから」って、息子飲んだら、「ただの水だべっちゃあ。あの親父、旨え旨えなんておがすいなあ」って言って、息子はそうやって家さ戻っていったんだっげっとも。

　これはね、「親は諸白、子は清水」っていう言い伝えがあってね、諸白ってどぶろくのことね、酒のことだね。親が飲めば酒、子どもが飲めば清水っていうことで、まあ親孝行の息子のために、神さまが作ってくれたんだがなんだがわがんねげんとも、そういうお話あってない。筆甫に今も「強清水」っつうどこあるんだと。でぇね、子という字は違うんだけども、それにつれても、ここにいる、みっちゃんは筆甫の出身なの。清水ってあっぺぇ。今は、子は清水って言わないで、ただ清水って言ってんの。「おら清水がら嫁に来たの」なんて、丸森ではないいん。そういう親孝行のお話。こんでぇきぃまりぃ。》

**萱場**　おもしろがったねえ。楽しい話で、なんか松崎さん、いっぱい飲んできたんでしょうかね。楽しかったですねえ。

# あまワラビ

丸森ざっと昔の会　笠間みつ

いやいやみなさん、よぐござったない。ほんでぇ、今日は丸森の話聞かせっからね。まず聞いてくないん。「あまワラビ」って話すっからね。

《むがぁすむがす。

今ころよりちょっこら遅いころかなあ。晩方になったとき、坊さま、とぼとぼと来たんだと。（なんだべぇ、霊山さ行ぐべと来たんだげんとも、初めて来た道だがら、分がんなぐてうす暗ぐなってしまった。どこが泊めてけっとこねがべが）と思って来たんだげっとも、そこは筆甫なもんだがら、家なんかたいしたねんだどな。んでも、とぼとぼと歩いて来れば、道路っぷちさ小っこい家あったんだと。（いやあ、ここで晩げ泊めてもらうべがなあ）と思って、「これぇ、こういうわけでここまで来たんだげっとも、今夜一晩泊めてけらんねぇべが」って言ったら、婆さんが出てきて、「ああ、ほだに（そんなに）ほだに難儀したんなら、どうぞ泊ってぃがんせぇ。ほだげっともなあ、俺家にはなんにもねぇんだ。米もねえし、あるっつのは三日ばかり前に採ったワラビさわしった（水に浸して灰汁を抜いた）がら、ほいづあるだけだ」っつんだ。「ああ、ほうがほうがぁ。ほんでぇ、俺来っときに拝んで貰ってきた米あっから、こいって何がつぐってけろ」って、三合ばかりの米出したんだと、ほごさ。そしたれば、その婆さまは、三合ばりの米でお粥を作って、灰汁抜きしったワラビでお汁を作って食せたんだと。坊さまは、ずうっと歩ってきたがら疲れで、そんまに眠っつまったと。

次の朝早ぁぐに起きでみたど。そして、裏の山さ行ってみたんだと、坊さま。そしたらば、細こいワラビひょろらひょろらど出ったんだと。（ああ、ここら辺は、肥やしもなんもねえがらひょろひょろっうワラビばり出るんだぁ。よぉし、わがった）って、東の方の空をつん向いて、坊さまは杖でトントンって叩いた。（ああ、こんでよし）って、家さ戻って、「婆さまやぁ、俺、用事あんだがら早ぐ出かけっからはなあ。裏の山さでたワラビは、今度さわすこともなんもねぇがら。採ってきてすぐ食べろ。あめぇワラビ出っからなあ」って言ってったど。婆さまは、（なあんだって今日び、ワラビって苦ぇもんだ。甘いワラビなんてあるもんでねえ）って思ったげんとも、（んでもなあ、せっかくそう言うんだがらなあ）って、裏の山さ行ってみたれば、こだぁ太いワラビがずうっとにょきにょきにょきにょきと出ったんだど。ああ、婆さま喜んで、ぼきぼきぼきぼき折しょってきて、煮てみたど。ほしたっけ、なるほどなあ甘いんだと。（ああ、坊さま言ったのほんとのごとだった。甘いワラビだなあ）って思ったんだと。

そこは、今でも住所でも残っております。昔は、宮城県伊具郡筆甫村字甘蕨っていうどこです。今は、宮城県伊具郡丸森町筆甫となっております。そこで甘蕨の二十八番地で私が生まれました。

ありがとうございました。》

**萱場**　今もワラビ、いっぱい採れますかねえ、甘いんですか。

**笠間**　いっぱいは採れないんだけど、甘いんだねえ。

**萱場**　やはり丸森は、宮城県の遠野と言われるくらいの場所ですからねえ。たくさんのそういう昔からのお話があるんですよねえ。もっともっと聞きたいですねえ。でも、時間が迫ってますので、次の方にお願いします。



## お授けの石

やまもと民話の会　寺嶋重子

先ほど、「後で語っから待ってでくないんねえ」って言った寺嶋でございます。浅生原に伝わる「お授けの石」。浅生原の山王に阿部さとしさんのお家あんのないん。

《むがぁすむがす。

阿部家のご先祖さまが、お伊勢参りに行ったど。この時代はねえ、今みでぇにバスも電車も何にも乗り物などなんにもねえ時代だったので、草鞋はいて歩いて行ったんだと。三か月かかって、ようやくお伊勢さまに届いたんだねえ。

念願を果たしての帰り道、草鞋にまとわりつく小石あったんだと。（なあんだあ、痛ごだぁ。歩ぐに邪魔だあ）って払いのけるんだげんとも、まだねじ込んでくる。のけてものけても引っ付いてくんのよ。（こりゃあ不思議な石だあ。これもなにがの縁だべな）って思って、懐に入れて家さ持ち帰った。ほうして、裏の庭の隅っこさ置いておいだったと。

しばらぁくして、何気なくその石を見たら、なんと小指ほどの石が大きくなってたんだと。驚いたのなんのね。（いやあ、石に命あるんだべがあ。これは、ただの石でない。ああそうだ、お伊勢さまの神さまが宿った石なんだあ）と思って、屋敷続きの雑木林に祠を建ててお祀りしたったと。そうして、その石ずんずんと大きくなって、今でもちゃんと祠の中にお座りになっておられるよ。》

石の大きさは、縦三十六センチ、横二十八センチあります。みなさまのプログラムの中に、二日目の中に「お授けの石」の写真が載っております。それをご覧になって、いつか、常磐道の東側の道を通りますとね、山寺と浅生原の間にお授けの石がちゃんと見えますので、折があったら見ていただきたいと思います。こんで終わりです。

**萱場**　ありがとうございました。みなさんのお手元にある資料の二ページに、白黒の写真ですけども、私はまさかこれ嘘だべと思ったんですけども、ちゃんとあるんですね。そして、なんか石の子どもが生まれたって話ですよね。

**寺嶋**　そうだね。ここの家の別家のおじさんの家に二個あります。

**萱場**　あとまた観察していきたいですね。

それでは、最後のお話になります。



## 奥州日蔭沼片葉の葦　やまもと民話の会　庄司アイ

どうもなんかね、みなさんのお話を聞いていたらば、自分が何を語るかすっかり忘れているの。私は、「奥州日蔭沼片葉の葦」を語るのね。こういうふうに年も年で、半分ちょっと惚(ほ)けてますので。

昔と言ってもねえ、多賀城に国府があって栄えたころの話だそうです。そんで、鎮守府将軍の、そのお連れの若者の話なんですね。

《むがし、鎮守府将軍さまに連れてこられた若い男(おどご)がいたど。その男(おどご)の男(おどご)っぷりのいいごと。若(わげ)え人たちがら年寄りまで一目見っと、わあってねぇ、その男(おどご)っぷりの良さに惚(ほ)れこむんだって。

それでまたねえ、この若者は武芸をやっても学問をやっても右に出るものがなかったって。文武両道のすばらしい青年だったんだと。だからといって、威張ってなんかいねがったんで、上司の将軍さまや仲間からも慕われていたし、女官たちからもてもてで、毎日多賀城のお城で楽しく暮らしていたんだと。

ところがあるとき、急ぎの使いが来たんだど。「その若者が重要なポストにつかなきゃなんないがら大至急京都に戻れ」という内容の文面だったの。そんで、多賀城の将軍さまやみんなが相談して、これは急ぎの用事だと、明日の朝早く多賀城を出立することって決まったんだと。そんでその若者はね、みんなと別れの言葉も、さよならも言わないで、次の朝早く多賀城を出立したったと。

　まず、そのころの仙台っつうのはね、千代が原って言って家なんか一軒もなくて、茫々のそれごそ原野が見渡す限り続いていて、道もあったんだろうけども、まあその道を歩くのにも葦やら茅やらをかき分けて歩かなきゃない難儀な道で、館腰というところに着いたときには、日が暮れていたんだって。そこで宿を求めて、昨日までのまず楽しい暮らしを思い出すと、一人の我が身が侘しくなって泣きながら一晩過ごしたっていうのないん。

　次の朝、なんとも仕方がないがら朝早く宿を発って、阿武隈川を渡し舟で渡って、亘理の里に着いたと。こんどは、亘理の里からずうっと来て、高瀬、真庭、中山、上平に来たときには、もう日もとっぷり暮れそうだったと。若者は、磯浜への道を走って行ったと。そうしたら、晩方の夕焼けの日で目の前がぱっと開けたと思ったら、前にきれいな湖があったって。若者は、なんて美しい湖なんだろうって思ったと。そこは、奥州日蔭沼という湖だったの。

　でぇ若者は、（その日の宿をどこにしようか）と思っていたれば、ずうっと北の方の高台に立派な屋敷があって、若者は安心して、（今日はあそこの家に泊めてもらおう）と思って上っていったんだと。

　立派な屋敷で、玄関を開ければそこの旦那さまが、顔を出してびっくりしたと。なんとまず高貴なお方だと。若者は、「今晩一晩の宿をお願いします」って言ったんだと。そんで、その家の旦那さんもびっくりして、「さあさあ、どうぞ。さあ上がって、どうぞ」って、座敷さお連れして、お茶などお上げしたと。

　若者は今までの自分の暮らしてきたことと、これから都に行って、果たさなければならない大事な任務などをその宿の旦那さんに話したんだと。その旦那さんはびっくりしてしまってねえ、「あなた様のような高貴な方を我が家にお泊めするなんて、これは、それこそ孫末代まで光栄なことで、どうぞゆっくりしていってください」と言ったんだと。

　ちょうどにその年は、山も海も大豊作、大漁で村の人がみんな集まって、今なら収穫祭みたいなことを、その晩にやるごとになってたんだね。まず宴会の準備ができてたんだって。そこの旦那さんね、「今日はこういうわけでめでたい日で、みんな集まってお祝いをするところだ。一緒にまざって（入って）行きませんか」って言ったんだって。そしたら、その若い者が、「いかにも、そのようにさせてもらいます」って言って、そこの家の大広間に通されたら、立派な御膳にご馳走がいっぱい並んでいだと。

その旦那さんは、急いで奥さんどこに行って言ったと。「やぁれやれ。あんなに高貴な方を今日のこの宴会にお呼びしたわけだげんとも、お酌をする娘、誰にしたらいがんべ」って相談したど。その奥さんはねえ、「いやぁ、女だれば今日はなんぼでもいる。浜の母ちゃんたちがら、山の母ちゃんたちみんないるし、娘も何人も来ている。だけどなあ、父ちゃん。あの高貴な方にお酌をするような女はいねべぇ。みんな浜の女で、顔は真っ黒で、手ぇは節くれだってて、とてもでないけんとも、ああいう高貴な方へのお酌は無理だ」って言って、二人ですったもんだしったれば、その家の娘が入ってきたど。昔の数えで十六のきれいな娘だったんだね。「お父さん、私がお酌をします」って言ったんだと。お父さん、怒ったど。「なに語る。まあだお前は女童子でねえがぁ。失礼なごとあったらどうする」ってね。ところが、その娘は、「私が、私が」ってきかないんだと。「ほんで、粗相のねえように」って言って、娘がお酌することになったんだと。娘は、お化粧直して箪笥一番の着物を着て、そうして大広間に行ったんだと。

さあ、みんな集まっていた大広間は、わあっと拍手喝采だと。その娘のきれいなごと、初々しいごと、もう村の人たちも大喜び。娘はしゃんとして、その若者の脇に座って、寄りそってお酌をしたんだと。まあ、気分のいいごと、若者も大喜びだったんだべねえ。周りもみんな盛り上がって、すばらしい宴会だったと。

ある程度酒がまわったとき、若者は娘に、「ちょっと酔いを醒ますのに、外に出てみねえが」って言ったんだど。そしたら、娘がしゃっと立って、その若者についで外に出たんだと。

外というのは、奥州日陰沼の高台にある家だから、沼を眺め、月を眺めて、二人は寄りそって、しばらくの間お話ししたと。若者は、多賀城での暮らしや京の都のお話を丁寧に語ってくれた。また、娘は娘でね、山の仕事、浜の仕事、田んぼの話など田舎の暮らしを語ると、その若者は、「そうか、そうか」って聞いてくれたったんだと。時間が経って、また二人は宴席に戻って、飲み直しをしたんだと。

次の朝、二人は言葉少なくその別れを惜しんで、涙をこらえて二人は向き合ったと。そのときその若者は、娘に、「思いは同じだ。思いは同じ。わしが白鳥になってこの沼に来る。そのときは、お茶を点ててくれな」と言って、もうその若者は、どんどんどんどんと屋敷を下がって、京の都の方に行ってしまったんだね。

　娘は、その若者への思いが、毎日毎日重く重く胸に落ち込んできたんだと。何日待っても、若者は帰って来なかった。二年ほど待ったけれども、若者はまあだ帰って来なかった。ところが娘にも縁談が来たと。縁談が来れば縁談が来たで、娘の胸はやっしゃなくて（辛くて）苦しくて、「あのお方が恋しいの。あのお方が恋しいの」って、毎日毎日苦しんで、とうとう娘は気が狂ってしまった。そしてぇ、目の前の水神沼、奥州日陰沼に、どぼんと身投げをしてしまった。

　それから、あの奥州日陰沼に出る葦は、みんな葉っぱが上方をむいて、どの葦も、「あのお方が恋しい、あのお方が恋しい」って片葉の葦になってしまったんだって。

　昔の奥州日陰沼はね、ほんとに有名な沼だったそうです。今の十倍くらいもあって、周り鬱蒼と杉の木がはえていて、水が真っ暗のように見えるときもあったんで、奥州日陰沼っていって記録にも残っているんです。私たちは水神沼って言ってますけれどもね。

　そんでね、白鳥の飛来に関わるお話もいっぱいあると思うけれども、水神沼も白鳥の飛来してくる沼なんで、「ほうら、みんな、お前も、お前もみんなな白鳥が来たらお茶殻持って行げ」って言って、坂元の人たちは白鳥がくると、お茶殻持って水神沼に出かけて行くんです。》



**萱場**　ありがとうございます。こんな小さな山元町にも、こういう心にじんと来るようなお話があったということで、私も感動したんですけれども、このプログラムの表紙にカラー印刷で載っているのが水神沼なんです。これは、二〇一三年三月のときの撮影なので、今はもうちょっと形を変えています。ここに行って、片葉の葦を撮ろうと思って、カメラを構えたのですが、なかなか上手くできませんでした。そしてその写真のずっと奥の方に山並みが見えると思うんですけども、確認できますか。その一番左側が鹿狼山(かろうさん)です。同じ山元町でも山下地区の人たちには深山(しんざん)が身近な山ですけど、南部の坂元地区の人たちは、朝な夕なにこの鹿狼山の方を見上げるというような生活がありますね。

　さあ、時間がきました。トライアングルの会の語り手のみなさんにどうか大きな拍手をお願いします。ありがとうございました。

　半日あっという間に終わってしまったんですけども、みなさん、お疲れになったと思います。

　津波の体験を語っていただきましたけども、みなさんお辛いことがたくさん思い出されて、ほんとに辛い記憶を思い起こさせてしまったのですけれども、次の世代の人たちのために何とかお願いしますっていうことで、頑張って語っていただきました。どうもありがとうございました。

それから、被災したのは人間だけじゃないんですよね。形ある物すべてが被災してしまった。やまもと民話の会で作った『巨大津波　第二集』にある、「声なきものの声を聞く」っていうところを大事にしていかなきゃいけないと思っています。そして、私が気になったのが、「洗濯機の中のようでした」という伊藤静枝さんのお家族やお父さんを湯たんぽ代わりに暖めてくれた犬のフィーフィーちゃんのことです。フィーフィーちゃんは、今元気でおられるか気になりました。

**伊藤**　半年後に、汚れた水を飲んだせいでしょうか、具合が悪くなり通院しましたが、亡くなってしまいました。今は、代わりの「まろ」っていう犬がいますが、フィーフィーの生まれ変わりと思っています。

**萱場**　ほんとに、フィーフィーちゃんに感謝ですね。では今日は、これで終わりです。

明日、三月二十五日は十時から、またこの場所をお借りして十二時までの予定でフォーラムを行う予定になっています。

そのとき、オープニングということで、『中浜小学校物語』という紙芝居を上映することになっております。十時から上映しますので、少し早めに会場においでになって下さい。

今日は大勢のみなさんのご参加を頂きましてありがとうございました。また、明日のお越しをお待ちしております。

# 大津波の記録『中浜小学校物語』

## 門間裕子

萱場裕子（司会）　おはようございます。今日は、フォーラムの前に紙芝居『中浜小学校物語』を映像でご覧いただきます。今回の東日本大震災の大津波は、中浜小学校の二階を越えました。しかし、校長先生はじめ先生方の的確な判断と、この校舎を新築したときの住民の知恵がたくさんの命を救う結果となりました。

これは奇跡ではない、守るべくして守られた命だったのだ。学校側の決断と地域の人々のコミュニケーションの大切さを後世に伝えたい。廃校になってしまった中浜小学校を決して忘れたくないというみんなの思いを込めて、やまもと民話の会代表の庄司アイを中心にストーリーを書き、絵は数名の会員が描き、紙芝居を作りました。

今日語っていただく、当時中浜小学校の先生でいらっしゃった門間裕子先生にもこの紙芝居を作るときにいろいろなご協力をいただきました。当時のことをきちんと語ってくださったお一人でした。また、文章などのご協力もたくさんいただきました。

では、門間先生をお迎えします。みなさん拍手でお迎え下さい。

門間裕子　おはようございます。門間裕子です。震災当時、中浜小学校で一年生を担任していました。私は、中浜小学校の第一期生です、卒業生なんです。そして、教職の最後の学校として、地元の中浜小学校に赴任してきたんです。その年の三月に被災しました。だから、我が家は震災で無くなったんですがね、中浜小学校は今では、本当に実家のような思いで通わせていただいております。

庄司さんから「紙芝居を作りたいんだけど」というお話をいただいたとき、もうほんとに喜んで、「是非協力させてください」ということで一緒に制作した次第です。今度この中浜小学校が震災遺構として残るということを聞いたときには、ほんとにうれしくて、涙が出るほどでした。でもそれ以上に、この震災遺構としての中浜小学校の役割というものがすごく大きい意味がありまして、これからの生きる人たちの命を守る建物であるということは確かなんです。だから、ずっとずっと建っててほしい、そういう思いでいます。今日はつたないお話なんですけれども聞いてください。よろしくお願いいたします。『中浜小学校物語』の製作はやまもと民話の会、文は庄司アイ・門間裕子、絵は星美知子・菅野みさ子・萱場裕子によります（以上、紙芝居①）。では始めます。

今日は、一年に一回の海山学校の交流会です。あの阿武隈山系を越えて、西側は山西、東側は山東。大昔から山西、山東の交流があって人々は暮らしてきました。今日は姉妹校の山西の金山小学校の子どもたちが来て、一緒に地引網体験をしています。

「そうれ、よいしょ、よいしょ」、大漁を願ってみんなで網を引きます。今日の先生は、地元の漁師さんです。地域の人たちも一緒になった掛け声が空いっぱいに広がっています（以上、紙芝居②）。

中浜の大昔は、千戸の浜として賑わい、栄えていました。北は荒浜、南は原釜まで、中浜はその中間の浜ということで中浜という地名になりました。そのころは、近海漁がほとんどで、船は小型。手漕ぎや帆舟で海に出ました。定置網や地引網も盛んだったそうです。

昭和になって、船は大型、動力化となり、魚を追う漁業に変わりました。港のない中浜の漁業はたちまち寂れてしまいました。しかし、学校前の入江では、アサリやシジミが獲れ、また食卓を潤すボラやハゼ、ウナギなどを獲る小船も浮かんでいました。小浦橋付近には、釣り人が集まり、たくさん糸を垂れていました（以上、紙芝居③）。

中浜小学校の始まりは、明治九年です。中浜のお寺東海山高福寺が改修され、坂元尋常小学校中浜分教場となりました。明治三十三年には坂元小学校の枝校となりました。そして、大正十年には坂元小学校中浜分校となり、高学年は坂元小学校に通いました。分校として四十年余り続き、昭和三十九年に中浜小学校が開校しました（以上、紙芝居④）。

独立が実現した陰には、中浜地区の住民の熱意だけではなく、中浜小学校ＰＴＡをはじめとして坂元地区住民の強力な応援がありました。中浜小学校の校地には、それまで木造平屋建ての校舎がありましたが、二階建ての鉄筋コンクリートの校舎が加わりました。自分たちの学校ができたという喜びで、子どもたちは一層いきいきと過ごしました。二クラスの学年もあり、在籍数は二百六十名でした（以上、紙芝居⑤）。

近代的な新校舎建設は平成元年です。教育委員会はもとより、児童や教育現場の声、地域住民の要望など多方面にわたって、検討が重ねられました。学校は、教育文化の中心であり、防災にも配慮し次のような工夫がなされました（以上、紙芝居⑥）。

高波や津波対策として、敷地を一・五メートル嵩上（かさあ）

①

②

③

④

⑤

⑥

⑦

⑧

⑨

⑩

⑪

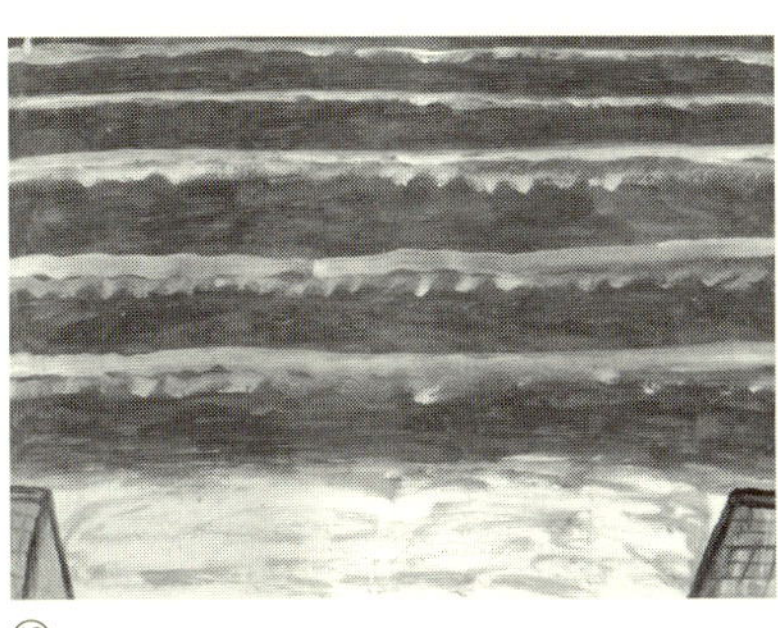

⑫

⑬

⑭

⑮

⑯

⑰

げしました。校舎は鉄筋コンクリートで頑丈に造られました。東西には地面から非常階段があり、緊急時すぐに二階に上れるようにしました。県特産の津山杉が床や壁にふんだんに使われました。基礎の部分には、太い円柱が何本も使われ、開放感のあるオープンスペースという最新の構造様式を取り入れました。西側には、広々とした体育館が併設され、休日には地域住民も使用できるようにしました。こうして、外観美しい自慢の校舎が完成しました（以上、紙芝居⑦）。

平成二十三年三月九日にグラグラと揺れる地震がありました。けれど、予想されていた宮城県沖地震ではありませんでした。三陸沖が震源でした。しかし、校長は大きな不安を募らせたのです。さらに二日前の三月七日福島県沖が震源の地震があったのです。（南、北で揺れたのだから、中間の宮城県沖の大地震はまもなく発生する）と考え、防災計画を点検し、過去の訓練の記録簿を開きました。前任の先生方の訓練記録がしっかりと読み取れました。万が一津波来襲の場合、児童の避難場所は坂元中学校です。記録簿には、中学校までの移動に二十分余りかかったと書かれていました（以上、紙芝居⑧）。

平成二十三年三月十一日、午後二時四十六分震度六強の巨大地震発生。東日本大震災が発生しました。グワァングワァン揺れる揺れる、大揺れです。揺れは止まりません。この世の終わりを感じました。この日は金曜日。一年から三年までは授業が終わり、一緒に帰る上級生を待ちながら、校庭や広場で遊んでいました。四年生以上は、六校時の授業中でした。そのさなか、揺れが始まりました。外で遊んでいた子どもたちは、校庭の真ん中に集まり、丸くなってしゃがみ込みました。二年生の担任が一緒だったので、少しは心強いものの、体は横倒しになり、怯（おび）えながら揺れに身を任せるしかできませんでした。

午後二時四十九分、大津波警報発令。余震の中で、テレビの情報を入手。十分後に高さ十メートルの津波が来ることを知りました。「時間がない」。校長は、校庭で丸くなっている子どもたちに向かって叫びました。「津波だ。上に上がれ」。子どもたちは急いで二階図書室に駆け上がりました。各学年担任の点呼、子どもたちはありったけの声で返事をしました。大きく長い余震が続く中、子どもたちは教室や図書室の机の下に身を寄せ、必死に耐えていました（以上、紙芝居⑨）。

午後三時十四分。大津波警報の更新があり、津波の高さ十メートルと六年生の教室のテレビが伝えています。「津波は十メートルになる。屋上に上がれ」。全校児童の大移動です。資料室にある普段使われない鉄骨製の小さな非常階段を上って、屋上に上がりました。外から来た子どもたちの足下を見ると、靴下のまま。

玄関で靴を置いてきたのでした。すぐ来賓用のスリッパを確保。なんとか足を守ることが出来ました。児童在籍五十九名中、五十二名。教職員十二名。保護者地域の方々に中学生を雑ぜて二十三名。役場職員三名の合計九十名が屋上に避難しました（以上、紙芝居⑩）。

屋上から見張っていた大人たちが、いつもの海と違うことに気づきます。午後三時四十分津波来襲。突然海の水が盛り上がり、まさに防潮堤を越えようとする瞬間。防潮堤の前の小浦河口から、まるで大蛇のように勢いよくしぶきを上げて学校に迫ってくる波があったのです。続いて、海から防潮堤を飲み込んだ大波が中浜の町を襲いました。校舎に波がぶつかりゴオッと高くしぶきが上がりました。「なんだなんだ。何が起きたんだ」。校舎の周りの家が波に流されていくのが見えました。津波は一瞬のうちに地域一帯をさらっていきました。校舎の中庭にも水は入ってきました。これからどうなるのだろう（以上、紙芝居⑪）。

東の海を見ると、カーテンのような波が幾重にもなってものすごい高さでこちらに迫って来ていました。（子どもたちには見せたくない）と、屋上西側にある屋根裏倉庫に子どもたちを避難させました。子どもたちが倉庫に身をひそめたとき、ドーオンと校舎に波がぶつかり、南側の隙間から水が入って来ました。子どもたちを傍（そば）にあった机の上に上らせ、次の波に備えさせました。幸いに水が入ってきたのは一回だけ。しかも少量で、体が濡れることもありませんでした。それが第二波でした。二波の波は一波の上に乗り、校舎二階天井まで届きました。周りは見渡す限り海になりました。第三波が来ました。三波の波は、二波の倍近い高さのまま。海が天井にあるようでした。いざ、覚悟です。そのとき、奇跡が起こりました。沖合で一波と二波の引き波とぶつかり、波頭が崩れました。それでも、学校への波は二回天井まで届きました。波が膨れ上がって来たのですが、引き波で帳消しになりました。なにもかも天任せでしたけれども、九十名の命は守られました（以上、紙芝居⑫）。

第四波が通り過ぎて、最大の危険を脱したとき、一人の男の子が校長に、「お腹すいた」と抱きついてきました。そのとき、校長は次にしなければならないことに気付きました。（避難していた地域住民、子どもたち、職員の全員に対して、今の状況と今後について伝えなければ）と、倉庫に入りました。そして、語り始めます。「最大の危機は去りました。しかし、今夜はここに泊まります。食べ物はありません。水もありません。とても寒くなります。でも頑張ろう。温かい朝日は必ず昇るから」と、暗闇の中で校長の静かな温かい声が、子どもたちの心に沁みいりました（以上、紙芝居⑬）。

早速夜の就寝の準備です。倉庫内にあった段ボール箱を壊し、冷たいコンクリートの上に敷きました。ビニールシートは掛布団の代わりです。卒業生のタイムカプセルだった衣装ケースは、卒業生には悪いけれど開けて使わせてもらうことにしました。タンク室、ボイラー室に持っていって、男女それぞれのトイレにしました。津波で破壊された二階から、幸いに乾電池二個を見つけ、二本の懐中電灯で足元を照らしました（以上、紙芝居⑭）。

夜になって、非常用毛布が体育館の一階の棚にあったことを思い出し、勇敢な人たちが探してきてくれました。なんと奇跡的に残っていたのです。アルミ箔で密閉されて、濡れていませんでした。毛布は、冷たくなりかけた体をやさしく温めてくれました。防災頭巾も温かい枕になり、安心感を生む優れものでした。

子どもたちは、誰一人として騒ぐ子もいず、トイレに行くほかは静かに眠りました。電話やメールはなかなか繋がらないときでしたが、メールは瞬間的に通じ、役場と坂元中学校に子どもたちの無事を伝えることができました。空には見たこともないようなたくさんの星が輝き、放射冷却で気温がぐんぐん下がりました。しかし、（明日は晴天になる。きっとなんとかなる）と希望を持つことができました（以上、紙芝居⑮）。

朝六時ころ、自衛隊のヘリコプターの飛ぶ音が聞こえてきました。後でわかったことですが、茨城から松島へ救出に行く途中だったそうです。みんなで手を振ると、ヘリコプターの操縦士さんが、子どもたちが大勢居ることに気づいてくれました。運も重なりました。なんと、校庭の水は引いており、瓦礫もなかったのです。

ヘリコプターが着陸し、子どもたちは縦割りグループごとに乗り込んで救出されました。第一便が坂元中学校に下りようとしましたが、校庭にはたくさん車が駐車しており、急遽体育文化センターに変更。その後ピストン輸送で全員が救出されました。ヘリコプターの窓から眺めた山元町は、美しかった田園がほとんど泥と瓦礫（がれき）に埋め尽くされ、言葉も出ませんでした（以上、紙芝居⑯）。

震災後子どもたちは、坂元小学校の教室を借りて学習しましたが、平成二十五年度には坂元小学校と統合し、再出発をしました。中浜小学校のたくさんの思い出は、子どもたちの心の中にいつまでも残っています。決して忘れることはないでしょう。田園の中に美しくそびえ立つ校舎。室内もきれいでした。明るい図書室では、本をたくさん読みました。人数の割には広い校庭。遊具がたくさんあり、思う存分遊びました。秋の「貝（けえ）んこ祭り」、地域の人みんなで芋煮を食べ、ゲームで遊び、子どもたちの劇や音楽の発表も見ていただきました。
その中の一つ、「中浜子ども神楽」の踊りも見ものでした。地域に根付いた神楽踊りを、子どもたちが伝承してきたものです。震災後、衣装を無くした子どもたちのために、仮設住宅に住んでいたお年寄りの方々が、特別に神楽の衣装を縫ってくださいました。子どもたちの沈みかけた心にぽっと灯りが点きました。
学校が統合してからは、同じ系統を引く坂元地区の神楽と練り合わせ、「坂元子ども神楽」として、みんなで踊っています。これからも、地域の伝統として守り続けて欲しいものです。また、地震や津波に耐え、子どもたちや住民の命を守った中浜小学校を町の誇りとして、いつまでも語り伝えて欲しいと願っております。おしまい（以上、紙芝居⑰）。

**萱場**　門間裕子先生、どうもありがとうございました。今日は、門間先生とスライドを担当してくださったのは生涯学習課の門間直人さんです。お二人とも中浜小学校出身ですよね。

最初は中浜小学校の子どもたちが助かったのは、奇跡的だという話もありましたけど、あれは、決して奇跡ではなかったですよね。ほんとに、土地の人たちの思いとかそういうものが、まず、浜通りに学校を建てる上で、いろんな知恵を出してくださった。それがまず一つだし、また先生たちが申し伝えてくださって、引き継いでくださって、そして、津波の避難訓練もきちんとやっていらした。ほんとに偶然ではなく、助かるべき行動を土地の人たちから、学校の方たちからしていただいたんだなというのが実感なんです。

**門間**　中浜磯地区の人たちの人柄があって、ほんとに学校に対する思いというのが強いんです。いろいろ協力していただきました。

**萱場**　お祭りも盛大でしたよね。

**門間**　そうですね。たぶん人数が少ないので、結束力というか、子どもたちも地域の方たちも一緒になってやったと思います。

子どもたちは、屋上で助かったんですけども、保護者の方の中には亡くなった方もいらっしゃいます。お父さんを亡くした子、お母さんを亡くした子、お祖父さん、妹を亡くした子、総勢十名くらいいるんですけど、ほんとに震災当時は、心の悩みで学校に来れなくなった子たちもいました。でも、今は大きく成長して、二十歳くらいになった子もいまして、この春「お母さんを亡くしても、頑張って生きているよ」ということをね、証明をした子どもたちがいます。ほんとにこの子どもたちの生きる力ってすごいなあと改めて思い知らされました。これからも頑張って生きてもらいたいなあと思っております。すみません、付け加えさせていただきました。

**萱場**　ありがとうございました。この紙芝居は、地域の防災の集まりがあるときや小学校でも上演させていただいております。生涯学習課のご協力をいただいて、何部か増刷され貸し出しもできます。原画の複写が山下地域防災センターの三階ロビーに飾られていま す。中浜小学校の校舎は、今後、形はちょっと縮小されるかもしれませんが、震災遺構として残るという話を聞いております。門間先生も門間さんも今後とも、山元町を支えていただければと思いますので、どうぞよろしくお願いいたします。

2014年11月、やまもと民話の会と戸花念仏講を多くの人々が支援する形で建立された「戸花慈母観世音」

町民有志が全国から募金をつのって制作した「深山鎮魂の鐘」(2018年4月29日の「春・深山の鐘を鳴らそう」)

フォーラム

# あの日から今日までの私

パネリスト　石井正己・野村敬子
小野和子・庄司アイ
司会　小田嶋利江



小田嶋（司会）　みなさんこんにちは。フォーラム「あの日から今日までの私」を始めます。司会進行を務めます、みやぎ民話の会の小田嶋利江と申します。よろしくお願いいたします。

今日の「あの日から今日までの私」というテーマは、実はみやぎ民話の会の小野和子さんから提案いただきました。このテーマは、この会の最後にとってもふさわしいのではないかと思いました。昨日のみなさんの語り、とくに証言集の体験の朗読を聞かせていただいて、それに続いて今回のフォーラムを行うことは、とてもふさわしいのではないかと考えています。昨日来ていただいた方も多いと思うのですが、昨日の『巨大津波』の本の朗読は、みなさんがその人だけの、ただ一つの事実、真実をその人の言葉で語っていただくことによって、とても私たちの心に響いてくるものがあるし、伝わるものがありました。

あの日のこと、東日本大震災という言い方は、私は好きではないんですが、二〇一一年三月十一日の大地震大津波の日と、その後のさまざまな出来事、それは一人一人それぞれで、百人あれば、百通りありますし、あの日とどんなふうに向きあってきたのかというのは、一人一人それぞれ異なると思います。でもその人の、その人だけの、あの日からの向き合い方をその人の声で読んでいただくのは、それぞれ違うからこそ、その人の声としてこちらに響いてくるのではないかと考えます。

今日は、長いこと民話に関わってこられました四人の方々に、「あの日」とどのように向き合い、「今日まで」をどのように過ごしてこられたかを、その人自身の言葉で語っていただき、私たちはそれに耳をすましてみたいと思います。

みなさんに十五分ずつお話をいただいた後に、会場のみなさまから質疑応答を受け、みなさんとのやり取りもしたいと思います。

まずは四人の方々から、「あの日から今日まで」のさまざまな向き合い方に耳を傾けさせていただきます。最初は、石井先生からお話しいただきます。どうぞよろしくお願いします。

## 一　今、考えていること、行っていること

石井　「あの日から」ということですが、今、私が何に取り組んでいるかということは、最後に申し上げたいと思います。

今、この被災地では、あの日のことが忘れられない、福島は復興どころか、なお震災の渦中である、と思います。むしろ、七年が経って、乗り越えている子どももいれば、逆にあの日のことが大きな心的なストレスになって、それを抱えて生きている子どももあり、必ずしも、事は楽観できないと思っています。それと同時に、被災地を離れた東京からは、震災の風景が遠くなってしまっているということがあります。被災地では、自分たちが忘れられていく、それと同時に、一方では忘れられないということがあり、東京では、次第に忘れてしまうということがあって、非常に揺れ動いています。

私は、日本の古典文学を勉強していますけれども、今から八百年ほど前に、鴨長明が『方丈記』を書いています。これは、日本で最初の災害文学だ、と思いますけれども、その中には、さまざまな天災や人災が出てきます。天災で言えば辻風や地震、そして、人災で言えば戦乱や遷都があります。それが一緒くたになって、源平の争乱の時代相として見つめながら、これを書き残しました。その中に地震のことが出てきますが、「時が経ってしまうと、誰も地震のことを話題にしなくなった」と書いています。京都も大きく揺れて、みんなが恐怖に遭ったけれども、時間が経つと人々は話題にしなくなっていたのです。それが現実なのかもしれません。

昨日、教育長さんからお話がありましたが、非常に重要なことは、震災以後に生まれた子どもが入学してくるということです。時の経過に伴って、被災地でも、「震災を知らない」という課題が生まれているのです。別に言えば、私を含めて、ここにいる戦後生まれの人たちは戦争を知らない。もちろん、遡れば関東大震災も知らないことになる。「知らない」という問題が、大きく迫ってきているように思います。

昨日の会で感じたことをいくつか申し上げたいと思います。一つは、庄司さんの言葉です。山元町を小さな町で何もないとおっしゃいますけれども、やまもと民話の会の民話を伺っていますと、海と山に囲まれ、その中にある山元町がお話の中に頻りに出てきます。まさに、海の幸、山の幸に恵まれた自然環境の中に民話が息づいています。その中で、「座頭橋」という橋

がつくられ、「お托井戸」という井戸がつくられたというのは、新しい文化が生まれ、新たな地名も生まれたことを意味します。この山元町が、そういう自然環境の中で、いくつも伝説や地名を育んできたことがとてもよくわかりました。

そして、今、小田嶋さんが言ってくださったように、この『巨大津波』三冊を語った方が自らの文章を読んでくださったのは衝撃でした。読んでくださった中に、「電気工事士になりたい」とか、「父ちゃんのような漁師になりたい」という言葉も出てきました。その三冊を読んでいく中で、新たな未来を語る子どもたちの声が聞こえてくるように思います。

実は、体験を語るということは、昔話を語る以上に難しいことで、むしろ、語り継がれにくいということが間違いなくあります。でも、この本をこうして朗読することによって、この本が五十年後、百年後に活かされるだろうと思います。ただし、これを体験をした方でない人が朗読するという場合に、体験の追体験をどのようにするのかという問題が、たぶん未来には起こってくるだろうと思いました。けれども、あの本が活かされるような機会が生まれてきたな、ということを強く感じました。

そして、昨日は、「伊達最南端の民話を語る」ということで、三つの民話の会の方々がそれぞれ話をしてくださいましたが、多くは伝説でした。小鯨や舟越地蔵などがそうです。伝説と言うのは、地名が伴いますので、「これはここで起こった出来事だ」ということがわかります。それは、昔話の、「昔、ある所に、お爺さんとお婆さんが……」というのとはやはり違って、歴史の問題と密接につながります。「八千山は八千人が助かった所だ」というような地名がインパクトを持っています。

私どもは、学校で歴史を学び、日本史や世界史を習得します。しかし、伝説というのは、そういう奈良・京都や江戸・東京を中心とした歴史から見ると、どうも嘘っぽいということになります。地方の伝説は本当にあったこととして信じられてきたけれども、近代的な価値観の中で、いや日本史や世界史で教えてくれる歴史が本当の歴史であるという考えからすると、伝説はそうじゃないということになります。その結果、伝説や地名が持っている過去の記憶に対する信憑性を失ってしまった、ということがあろうかと思います。

ここに、平成六年（一九九四）発行の、山元町文化財保護委員会編『山元町ふるさと地名考』（山元町教育委員会）があります。この中の「追越山」には、おっこしはアイヌの地名で、「波が越えた所」ということが書いてあります。そして、「磯震嘯記念館跡」には、津波を記念して建てられた避難館が焼失した話も出てきます。でも、この労作の中には、ほとんど津波の話題は出てきませんでした。故郷の地名をどのように認識するかということの難しさを、やはりこの本を読んでみて感じます。『新地町史』や『口碑福田史』の中にも、津波のことはほとんど出てこなかったというようなことを言われましたけども、それは私どもの反省すべきことなのだろうと思います。

そして、今日は『中浜小学校物語』の紙芝居をスクリーンに映像化して見せてくださいました。紙芝居というのは、街頭紙芝居として広まりました。私は東京下町で育ちましたので、公園に行くと紙芝居屋のおじさんがいて紙芝居を見せてくれた、という経験を持っています。そこから、教育紙芝居が生まれて、学校教育の中で盛んに使われてきましたが、最近はあまり見ません。三十人、四十人なら紙芝居でいいのですけれど、それを超えると紙芝居では小さすぎるので、スクリーンに映すというのはいいなあと思いました。

昨年(二〇一七)伺ったときに、渡邉修次さんにご案内いただき、中浜小学校の跡地を丹念に見ることができました。そこには、昭和八年(一九三三)の津波の碑も倒れてあって、これがそうだと聞きました。『ふるさと地名考』の「津波の碑」に、バッケの砂山の東面、海に向かって建てられている碑というのがそれです。中浜小学校は震災遺構として残るということで、それはたいへんなことですけれども、記憶の大事な拠り所になるだろうと思います。この紙芝居と相まって、百年後の昔語りになるのではないかと感じながら聞きました。

そして、今、私が何をしているかということですけれども、私の暮らしている東京では、被災地に親戚がいたり、自分の出身地であったりしないと遠ざかり、東日本大震災が他人事になりつつあります。東日本大震災を自分の問題として考えるにはどうしたらいいか、と悩みました。先ほどの「知らない」という問題と関わるわけですけども、東京千三百万人、ほとんどの人はもう関東大震災を知りません。

大正十二年は一九二三年ですから、九十五年が経っているわけです。やがて百年になろうとしています。関東大震災は、日本人が経験した最大の災害だと思います。十四万人が亡くなり、五十七万戸が全壊消失し、三百四十万人が被災者となる。ちょっと想像できない数がデーターとして残っています。でも、その三百四十万人が、どのように生き抜いたのかを、私たちはよく知りません。

そこで、東日本大震災の翌年あたりから私が取り組んだのは子どもたちのことでした。半年後に東京市の学務課が絵画と工作と作文を子どもたちに作らせるわけです。小学生は復興を担う大事な人材なので、子どもたちに復興を意識させたいということがあったのだと思います。翌年の三月一日から上野で展示会をし、多くの人が訪れたと新聞に出てきます。その際、絵画や工作はたくさんの方が見てくれたが、作文の前は素通りだというのです。誰も立ち止まって読んでくれなかったのです。そこで、そのときの学務課の担当者が作文集に残して後世に伝えたいとして、尋常小学校の一年から六年生まで、高等科の一年と二年の七冊が発行されました。作文が載った人数でいうと、二千人を超えます。

作文に書かれた子どもたちの声に耳を傾けてみようと思って、文京区立本郷図書館などと一緒に、毎年これを資料化して、読むことを行ってきました。東京の小学校は百八十六校ありましたけれど、三分の二の百十七校が焼けてしまったのです。今年も子どもたちの作文を読みましたけれども、三月二十一日に本郷図書館で講演をしたときに取り上げた作文に、次のものがあります。それを読んで、私の話の括りにしたいと思います。

芝区神明尋常小学校第一学年の肥田光雄という子が「ウチハイスヤ」という文章を書いていますので、読んでみます。

ボクノウチハ、イスヤデス。オトウサンハショクニンデ、イスヲコシラエテイマス。ボクノウチモキョネンノ大カジデヤケテシマイマシタ。ボクノカバンモ、ハカマモ、ミンナヤケテシマイマシタ。ウチノモノモオミセノモノモ、ミンナヤケテシマイマシタ。ソレデボクハ、オトウサンヤ、オカアサンヤ、ミンナト、オトウサンノイナカヘイッテイマシタガ（親戚を頼って、東京から外へ出るんです）、バラックガデキタノデ、オ正月マエニカエッテキマシタ（だいたい四ヵ月後です）。ドコノオウチデモミンナ、バラックデミセヲダシテイマス（重要なのはバラックで店を出すことです。バラックの家に暮らしながらそこで商売を始めるのです）。ボクハマタシンメイガッコウニアガリマシタ。

ウチデハマタモトノイスヤヲハジメマシタ（バラックで店を出し、お父さんは椅子屋を再開する）。オトウサンハ、ショクニントイッショニ、マイニチイスヲコシラエテイマス。

肥田光雄くんの、父親の背中を見る姿というのは、やはり非常に頼もしい。そして、バラックの店の中から立ち上がっていく姿が見えるように思います。

もう一つ、作文を読んでみましょう。「ガッコウノオク上カラ」という、深川区猿江尋常小学校第一学年の辻原正明という子が書いています。

ガスガイシャノタンクガスグソバニミエマス（屋上からの見た様子です）。バラックノヤネガ一メンニヒカッテミエマス（これはトタン屋根だからでしょうね）。ガラスコウバノヤケアトモヨクミエマス。コクギカンハヤネガマルク、ミツコシガボンヤリトシテミエマス（大相撲をやっている国技館、そして、三越はもう建っているわけです）。キンシボリノキシャガトオリマス。キボリガミエマス。ヤケノコリノビルジングガアチコチニミエマス。ヤダノクギコウバハ、イマフシンチュウデス。キク川バシノウエヲデンシャガハシッテイマス。

汽車と電車とちゃんと書き分けているんですけれども、学校の屋上から見た風景ですね。これと比較するならば、山下駅から見たこの山元町の風景も考えられると思うのですけれども、かつて小学校一年生の子どもが半年後にこういう作文を書いた。それを東京の人たちが改めて認識するならば、それは東北の被災地を忘れないで、私の問題だと考えることにつながるのではないかと思うのです。東北と東京で問題を共有するというか、それぞれに私のこととして考えるというような回路を日本の中に作りたいと思うのです。それがこの七年間続けてきたことです。

## 二　寂しさを教えられて

**小田嶋**　ありがとうございました。では、続きまして、野村先生よろしくお願いします。

**野村**　今日、山元の町を見てまいりました。観音さまを拝んで、地蔵さまに復興のお願いをして参りましたけれども、なんかとても悲しかったのです。一面の田んぼ、そして、「あそこにアイさんの家があったのよ」という話を伺いました。なんと言っていいかわからない、ここに電車に乗って来るまで感じたことのない思いです。先に、私は瓦礫（がれき）が少々残って、駅が土砂に埋もれているときに、小野先生にお願いして、名古屋の杉浦邦子さんをお誘いして、こちらの町をご案内いただいたのです。そのときよりも、どうしたのでしょうね、復興が進んでいるはずのこの土地に立って、人間としてなんか大きな寂しさを感じた。何であるかは、これからゆっくり考えます。ほんとに失ってしまったのだなあと思います。土砂に埋もれていたあの駅も高架になっておりまして、大きく変わっていくのですね。無くしたものの大きさというものは、たいへんなものだと思います。

山元町のもともとの記憶を改めて、みなさまのその優れた英知とエネルギーの中で立ち戻して、次の子どもに伝えていく。それが伝説を生む、新たな伝承の創造のきっかけを生む、と私は思っているのです。今から創っていく神話もあれば、伝説もあると思うのですよね。それはすべてお一人の創作者ではなくて、民衆の英知、誰が選んだか、どうして創ったかはわからないけれども、私たちは、昔話も語っている、神話も語っている。あの創造の英知というものが我々大衆といいますか、大勢の人のお気持ちを寄せ集めたところに出てくる。そういうことを感じまして、山元町はこれからどんどん新しくなり、古いものを再生するエネルギーが求められ、必要であると感じました。

　私は、東京の江戸川区という一番千葉県よりの町から参りました。石井先生のように文献はなにも持ってこない。自分の記憶の中にある、あの日の私について申しますと、震災後東京、関東には福島を中心としたお方たちが移動してこられました。たくさんの方が自分の意志と関わらないままお出でになったのです。その中で、私は人を捜しに出かけておりました。大事な人をなくしているような気がして、アリーナにも行ったし、東京都内のあちらこちらの施設にも参りました。そして、その方は結局亡くなったのですけれども、その人を探しながら思ったのです。何日間通っても、私と同じ年ごろの老人が、同じようにじいっとしてらっしゃるのです。子どもは駆け回っています。若い人たちは次の算段で忙しい。目の輝きが違うのです。でも何もしないで、じっと広いフロアーにいらっしゃる、あの人のところに行きたいと思いました。そして、いつも私と行動を共にしている友だちに、「あの人のところに行かせて」と言いました。その友だちも、「あの人にこちらから話しかけて、お友だちなりましょう」と言って、入り口まで行きました。しかし、「何しに来たの?」と、門番をしている人が言うのです。この会場も行政の施設なので、申し訳ないことを言いますけれども、実に行政はお粗末ですね。民話について、語りについては無知でした。

　私は、それから何をしたかと言うと、「語りを社会通念にしたい」、そういうことを言い続けました。「なんで私たちはあの人たちに会えないのだろう。知らない人だから行きたいのです」って。そしたらある日、白いユニホームのようなものを着たドクターたちが来たのです。ライセンスを持たない私たちは単なる婆ちゃんなのです。「婆ちゃん、何しに来たの」と言うので、「民話を語るの。昔話をさせて。語りを聞かせて」と言うと、「何を言ってる。観光で来てるんじゃねえからな」って言うのです。（この石頭）と思いましたね。

　そして、私はそんな思いを抱きながら、昨日のイベントの語りを聞き、アイさんたちのお話を聞いて、やっぱり私たちが言っていることは、そんなに突拍子もないことではなかったと思いました。普通の感覚として、そこにうずくまっている人がいたら、「どうしたの」と言って行くのが当たり前。なんで入り口に門番がいるのでしょうねえ。ほんとに私は悔しくなりました。

そして、庄司アイさんにお目にかかりに来ました。庄司アイさんという、私がまったく知らなかった方に会わなきゃならないと思ったのです。それで、「アイさんのところに連れて行って」と小野さんに無理にお願いしてしまいました。小野さんもいろいろお忙しかったときに申し訳なかったです。そのときは、親友であり、妹のようにしてもらっている名古屋の杉浦さん、今日もお見えでございますが、その方と一緒に伺いました。

アイさんが言ってくれました。「品物は流れたけれど、私には、語りがあります」と。そのとき助けられたのは私の方なのです。そして、勇気をもらって家に帰って、またその面倒くさい行政の窓口を叩き続けることにしたのです。そのとき、私は小野さんに思わず申し上げました。「小野さん、東北にお嫁にきてくれてほんとにありがとう」と。何年前かしら。小野さんがお嫁に来られたのは。宮城でやっておられる震災後の事業を見ていますとね、小野さんたち、みやぎ民話の会とアイさんたちのお仕事が、どんなにか東京方面のあの粗末な思考を超えていることかと、ほんとに感激して、勇気を頂いたのです。

そして、石井先生もおっしゃいましたが、関東大震災のときに、東京大学の本が全部焼けちゃったのですね。関東大震災は、研究者にとっては大きなロスでございましたが、昔話を学ぶ者にとっては、不思議な良いことがあったようです。オランダの方々が船で七万冊もの文献をお見舞いの支援としてくださったのです。それを整理したのが、みなさんよくご存知の関敬吾先生だったのですね。洋書部の図書館員をしてらっしゃった。それで関先生は、そこに入っていたアールネの世界の昔話の分類を見て、まだトンプソンが交じってないころだと思いますけども、（昔話はこういうふうに研究できるんだ。日本の昔話も世界につながっていくことができるんだ）と、その本を整理しながらまず読んだそうです。ですから、今、私たちが恩恵を被っている世界タイプの比較分類、そういうものに学問が到達する一つの足がかりがあの関東大震災の中にあった。文化というのはそういうものかなあと思います。

そして、今度の山元町のお子たちの昨日の神楽、ほんとに感激いたしました。そういう意味では津波も海の神さまがくださったと思うよりしょうがないんですよね。本当に自然の災害ですからね。お子たちにくれた芸能の神事のそのきっかけが、大きなこの度の出来事だったと考えていく。人間というのは、あるところでは、非常に柔軟な考え方をしなければ生きていけないということがございますよね。そういうふうな考え方をして、私は東京にまた戻って、行政に悪口と言ってはなんですが、意見をあちらこちらで言いました。「人にとって語りは大事なものなんだ」ということを言っております。そして、仲間たちもたいへんよく働いてくださったのです。

石井先生の大学で災害のフォーラムをやったとき、質問した方がいらっしゃいました。「ボランティアをしたけれども、頼りになるネットワークはないのか」と言いましたら、会場はしいんとしました。ネットワークはないんです。未曾有の震災には、語りも人間関係も新たな試練の体験が必要になったのです。彼女は東京葛飾の津田尚子さんとおっしゃる方なのですが、その後、彼女は自分なりに答えを見出していく。小さな昔話の会を立ち上げました。そして、今まで昔話を聞いたことない人のために、そこの席はあるのです。私たちが行っても、「来なくていい」と言います。自分でチラシを作って、美容院やスーパーに置いて、小さな活動をしていらっしゃる。

それから、何回も申しますが、名古屋の杉浦さんはホームパーティーを開いていらっしゃる。これは、震災の前からの催しなんですけれども、震災後は、今日お見えになっていると思います、双葉町の目黒とみ子さんの語りをホームパーティーでお開きになって、そして名古屋の方と放射能について考える。その後、東京の世田谷で「ふきのとう」が目黒とみ子さんの会をやってくださいました。それを、私も聞かせていただきました。

このように女性たち、語りの関係の方々が、自分から身を起こして、点を面としていくという活動がこのときから目立つようになりました。（行政なんか相手にしたら駄目だ）ということに気がついたみなさんのお力ですね。今日お見えの間中一代さんが栃木市で行政に風穴をあけて待っててくださったんです。私は、その穴を潜って、「聴き耳の会」の仲間たちと、二年間ちょっと活動してきました。一番弱い立場の方がいらっしゃるんですよ。特養の老人の方々ですね。福島からバスで移動し、関東の施設のベットが空いているところに配給されるみたいに配られて、自分がどこ今いるのかわからないような形で寄留していらっしゃる。間中さんが特養に道筋をつけてくださって、語りのボランティアをさせてくださったのです。詳しいことは後で、フロアーにいらっしゃる間中さんにお聞きください。

特養で、「婆ちゃん、どこからござったのや？」と私がきくと、「あらぁ、お前福島かあ。俺は相馬から来た」って言うんですね。たった「お前さん、どこから来た？」っていう方言だけで、ぽろぽろ涙をこぼしなさるの。私は東京って言わないで、「隣の山形から来やんした」って言うと、「んだがあ」って言って心を開いてくださる。最初は毛布をかぶって、何もしなかった。寂しかったと思います。「聴き耳の会」の方が、車で大分時間をかけて東京から栃木に通う。アジア絵本を持参して読みました。外国人花嫁や難民の絵本です。小さな動きではございますが、私は、何もしないより大きな意味があると思いました。

これまでのまとめになりますけれども、その時お年寄りに教えられたことがありました。「福島や仙台からお出でになった方だけが寂しいわけではない」と言われました。「国が守ってくれる自分たちは寂しくはない」と、従軍体験のあるお年寄りから、ずいぶんお話しいただいて学びました。アジア絵本にあるベトナム難民の方々、それからカンボジアのポルポト派から逃れてきた方々、それから、フィリピンから来られたお嫁さんもいらっしゃる。そういう国を越えた方々の寂しさを、福島からお見えになったお年寄りの方々が、私たちに教えてくださいました。大きな感動を頂きました。それで、そういう方に、昔話を学会でお聞かせ願うことにしました。

そして思い出すのは、渋谷民話の会の坂入政生さんです。坂入さんは、渋谷でベトナム難民の方々への日本語教育がございまして参加いたしました。そのときにベトナム難民の方から聞き取ったお話を民話集として出版しました。日本の方と結婚なさったベトナムのボートピープルの女性に赤ちゃんが生まれるのですね。赤ちゃんが生まれるとき、「自分の国の絵本がないのはとても寂しい。赤ちゃんが話せるようになるまでに日本語が上手になりたいから、赤ちゃんのために、ベトナムの民話集を作ってほしい」ということを言われて、たった一冊でございますが、それを作りました。今それを読みながら、かつての歴史が抱えてきた寂しさというものに向き合ったのです。困難な事情の中でも人が人と心を寄せ合うということがいかに大事であるかということを、私はこの度の出来事で、肝に銘じて知ったところでございます。終わります。

**小田嶋**　ありがとうございました。石井先生の話とどこかつながるような気がいたしました。石井先生は、世代を越えて歴史を越えて、自分のこととして、私のこととして考える回路を作られようとしているし、野村先生は、国籍まで越えて知らない人々と知らないからこそ傍にいて、それをわが身のこととして自分のこととして寂しさを感じたいということ。そこにこそ、「聞き語る」という営みが大切なんだなあということを感じました。続きまして、小野和子さん、よろしくお願いいたします。

## 三　みなさんの話を聞いて記録する

**小野**　震災の後に女川で知り合いになった民話の語り手がいます。安倍ことみさんと言います。今日おいでになっている立命館大学の鵜野祐介先生とお話しましたら、しょっちゅう安倍さんのところへ行かれるので、「おとといも安倍さんに会ってきた」と言われたんです。

「お年は」と聞くと、「百歳だ」と言うのです。「どうして本当のことを教えてくれないのか」と言うと、「震災からもう歳は取っていないから、いつも百歳なんだ」ということなのですね。

　そして、お話を聞いて驚きましたが、家ごと流されて、そこから瓦礫に体中が押しつぶされて、今度引き潮が来たら、海の向こうに連れていかれるなあと思ったときに、目の前の瓦礫が少しずつ外れていったそうです。それで海を泳いでですね、そして岸へたどり着いて、家も流されていたもんですから、ようやく避難所の方へ行ったって言うんですね。

　夢中でそこで暮らしているうちに、親を亡くした子どもたち、子どもを亡くした親。そういう方が毎日、とるものもとれないような様子で暮らしておられるときに、民話を語ろうと思ったそうです。それで、二階



の部屋を空けてもらって、そこで民話を語りはじめたと言いました。避難所に来て十四日目だったそうです。私は、驚いてしまいましたが、安倍さんは、「その避難所で民話を語った」と言うんです。

　私は、安倍さんのようにはできないのですけども、やっぱりあの震災のニュースを次々と目の当たりにして、仙台に住んでおりますので、避難所の様子などもラジオで聞きました。テレビは見ることができない状態でしたので、ラジオで聞いたんですね。それで、民話を長くやってきた者として、こういうとき何ができるのだろうかと思いまして、私はやっぱり出かけて行って、へたなりに民話を語って、ちょっとでも笑ってもらおうって考えたんですね、愚かにもね。

　そして、私を助けてくださる仲間や「語り手たちの会　みやぎ」の方々が、私を車に乗せてその避難所に連れて行ってくださるもんですから、行ってそこで、「民話を語ります」と言うんですけど、当然ですけど、誰も集まって来てくださらないんですよ、せいぜい三人か四人くらい。そして、語る話もへたなのですけども、面白い話にしようと思って、へたなりに「ところふう」っていうバカ婿の話なんか、一所懸命練習してやるんですけども、みんなにこりともしない、なかなか笑ってくださらないんですよね。

　ちょうど折しも五月のタケノコの季節だったもの

で、タケノコをいっぱい頂いたからタケノコを煮て持って行ったんですね。そしたら、「それが美味しい」って、次には、「今日は、タケノコはないのか」って、話よりもタケノコを待っててもらった状態でした。私、どんなに話そうとしても話せないんですよ。そしてね、ふと「あの日どうだったんですか?」って、そこにおられた方に聞いたら、堰を切るように、あの日のことを、こまごま話し始められたんです。そこで、私はここへ来て、みんなに民話を語って、ちょっとでも笑ってもらおうなんて、この考えを捨てて、みなさんの話を聞いて記録するということを始めなくてはいけないのではないかと、そのとき痛感いたしました。

　そして、その年の八月の二十一、二十二日でしたが、私どももみやぎ民話の会が普段から行っておりました「みやぎ民話の学校」を、被災地のど真ん中の南三陸のホテル観洋を会場にして、私どもが長年お世話になってきた沿岸の語り手の方々をお呼びして、「あの日を語っていただく」という学校を行いました。沿岸地方でたくさんの方にお世話になって、民話を聞かせていただいてきました。その消息を知りたいと思って、走り回りました。なかなか消息がつかめなかったのですけども、だんだんにわかってきたときに、何人かの民話の語り手の方々が、家や、中には奥さまを亡くされた方もありましたが、元気でおられることを聞きましたので、「今度の民話の学校で、みなさんにあの日を語ってください」と、非常に残酷とも思えるお願いをしたのです。仲間の中には、そういうことをお願いする時期でないのじゃないかという意見もありました。つまり、その年の八月に開くのですから、お願いに行ったのはその年の五月終わりか六月の初めごろですね。そんなことを言いに行くなんて、とてもひどいことじゃないかというふうに言う人もありましたが、お目にかかる語り手の方々みなさんが、「語りましょう」と言ってくださったことが忘れられません。

　そのお一人は、もちろん、庄司アイさんでありました。庄司アイさんにも来ていただいたし、それからトライアングルの会の、昨日は来られませんでしたが、小野トメヨさん。私と同じ苗字なのですが、トメヨさんは、大正十三年（一九二四）生まれで、当時八十七歳でした。トメヨさんもすべて流されておられたのですけれども、「自分には民話があるんだと気が付いた」とおっしゃって、身を寄せておられた東京の息子さんのところから帰ってこられて、仮設住宅にお住まいになりながら、集会所で民話を語りはじめられました。本当に驚いてしまいましたが、その小野トメヨさん。

　それから、もう少し北へ行きまして名取市閖上（ゆりあげ）。ここも全滅状態の土地ですけれども、閖上で被災されて、奥さまも亡くされておりました、大正十五年（一九二六）生まれの鈴木善雄さん。それから、さらに北へ来まして松島の浦戸諸島の寒風沢島にお住まいであった、やっぱりすべて流されておしまいになられた土見壽郎さん、大正十四年（一九二五）お生まれの方。それから志津川の高橋武子さん、彼女は昭和十三年（一九三八）生まれ。それからもうお一方志津川で知り合っていた民話の語り手仲松敏子さん。彼女は一番若くって、昭和十七年（一九四二）生まれです。みんな七十半ばを過ぎているんですけれども、民話でお世話になって、民話を聞かせていただいた方々でした。その方々に、「あの日を語って」とお願いしたら、「いいよ」っていうことで来てくださいました。

　あとから、例えばその中の鈴木善雄さんなんかは、奥さまも家もなくされていた方ですけれども、「行って語るのは気が重いなあと思っていた（こう後から言われたんですね）。でも一生懸命頼みに来たから、仕方がなくて行ったら、聞いている人たちが、お前の悲しみを半分こっちへよこせっていう顔でみんな聞いてくれた」って、そういう雰囲気だったんです、実は。全国から二百人くらいの人たちがあっという間に集まって聞きに来てくださったのです。その来た人たちが、「お前の悲しみを半分寄こせという顔で聞いた」と。そして帰ってきてから、「やっぱり行ってよかった。ああいう人たちがいるってことを知って元気が出た」というようなことを言っていただきました。

　それで、今、言いました方々に聞いた記録をこのような『みやぎ民話の会叢書　第一三集』という一冊の本にしたんです。本と言うほど大げさなものじゃないのですけども、「みやぎ民話の会叢書」といって、私どもの会で細々と出してきたものですけども、その第一三集として、『大地震大津波を語り継ぐために――声なきものの声を聞き、形なきものの形を刻む――』というタイトルで一冊にして、みなさまに語っていただいたあの日を逐一記録いたしました。

　そのとき、庄司アイさんたちの『巨大津波』が、私たちがその民話の学校を開く前にすでにできていたのです。驚くべきアイさんたちのお仕事ですね、それにたくさん学びながら、私も自分が避難所に行って語ろうなんて考えないで、まあそれも大事なことではあるんですけど、聞いてこまごま記録するという方に軸足を置こうと思いました。そのスタートになったのが、この「みやぎ民話の学校」での被災された方々の語りでした。

　驚いたんですけど、アンケートを取らしていただいたら、「なんであの方たちは、あんな過酷な体験をまるで民話を語るように語られるんでしょうか」って、参加した人のアンケートに驚きの声がたくさんありました。ときには、アイさんなんかも笑わせながら語ってくださる場面もあったんですよ。こんなにたいへんだった、ひどかったっていうことだけではなくて、その語りの姿に普段から民話を語るということが、人間にもたらす一つの目に見えない力を感じたと参加者が言ってくださったのは、とても大きな収穫でした。

それから間もなく、そのときにはほとんど触れることができなかった福島の原発の問題がございました。絶えず頭にありましたが、福島の双葉町から八回の転居を経て、その転居の後に宮城県の大河原というところにやっと落ち着いて、「宮城県に落ち着いたら、みやぎ民話の会に行こうと思っていた」というありがたい言葉をくださって、ようやく宮城県に一時の腰を下ろされた、先ほども名前が出ましたが、目黒とみ子さんという方が会に入ってきてくださったんです。そして、とみ子さんの話を聞きますと、私たちがまったく知らないというか、触れることのできなかった福島県の方々の様子を耳にいたしました。とみ子さんが言われるには、「双萩会(そうしゅうかい)ってね、双葉町の『双』の字と、宮城県の県の花は『萩』ですね、その双葉の双と萩をとって双萩会という会を作って、双葉町から逃れて宮城県近くに集まっている者で、月に一回会っているの。いろいろ話し合っているの」って、とみ子さんが言うんですね。「それじゃあ、そのときにみなさんにお辛いかもしれないけど、その体験を聞いて書いてくれませんか」ってお願いしたんです。とみ子さんは、もちろん、そんなことをなすった方ではなかったのですが、驚いたことに、何か月後かにこんなに分厚い聞き取った原稿を私に送ってくださったのです。びっくり致しました。

ただそのときは、最初二十一人分でしたね。とみ子さんは、「テープレコーダーなんて出すと、みんな遠慮して言わないし、壁ができるからテープレコーダーも持たないで、ただ聞いて頭に入れて、家に帰ってきてから一生懸命にそれを書いた」って言われるんです。すごいでしょう、語る人を慮っているのですよね。私たちは、すぐにテープレコーダを不躾に出してしまいますが、そういうことをしないで、聞き取った人が二十一人。それを読ませていただくと、まだそれは整わないものではありながらたいへんな力を持つ言葉が並んでおりましたので、とみ子さんをさらに励まして、次に、三十一人、最後は四十四人分を書いてくださいました。それを、このような粗末なものでございますが、『双葉町を襲った放射能からのがれて──わたしたちの証言集──』として一冊にまとめました。つまり初めは「あそこの小学校に避難しろ」と言われたから、着の身着のままで走って行ったら、「ここは危ないから五キロ先だ、十キロ先だ、三十キロ先だ」って言われて、だんだんだんだん県境を越えて逃げまどって彷徨われたんですね。そのような実態を、私たちは、ほとんど知らない。たいへんだったらしいという姿を掴んではいますが、ここには、何度も何度も落ち着く先がなく、あちこちを彷徨われた方々の転居の跡も記してあるのです。ですから、『双葉町を襲った放射能からのがれて─わたしたちの証言集─』というふうに銘打って、ここにとみ子さんが集めてくださった記録を、このようにまとめさせていただきました。

　それから、さらに先ほど野村先生が、「山元町の元の姿を語り伝える目線を」という提案をしておられましたが、私たちの会に、やっぱり閖上生まれの仲間がおりました。仙台に住んでいたけど、実家は閖上にありまして、閖上で全部流されてしまった。お墓もお仏壇もご実家も。ただ彼女は閖上で生まれ育ったために、閖上の持っていた素晴らしい漁師の文化とでもいうべきものですけども、それが忘れ難くて、そして、「閖上の元の姿を語ってもらって、それをまとめたい」と彼女は願ったのです。あの震災でたいへんだったことではなく、それも含めてですけれども、それよりももっと前に閖上はこんなふうだった、あんなふうだったということを語ってもらって、昔の閖上を一冊の本にまとめることができればという彼女の願いを私に漏らされましたので、私と彼女ともう一人会の仲間の河井隆博さんという男性と三人で、こういう非常に粗末なものですが、『「閖上」─津波に消えた町のむかしの暮らし─』っていう一冊にまとめて、津波に消えた昔の暮らしをたどりました。

　みなさん、もう閖上には誰も住んでおられなかったので、あちこち散らばっていたんですけれども、その方々を伝を頼ってお頼みして、漁師さんも二名ありますが、十名の方々にかつての閖上の姿を語っていただきました。そして、それを私ども三人でまとめて、このようなパンフレットに毛が生えたようなものですけども、「ここに生まれ　ここで育ち、ここを故郷と慕う、たくさんの人たちへ」と銘打ちまして、閖上の人たちはもうみんな三々五々あちこちに散らばってしまわれましたので、その方たちの目に触れてもらいたいという一念でこれを編んでみました。記録ということが、どういう意味を持つのかを、こういうことをしながら、少しずつ私自身が勉強してきたわけです。

　さらにもう一つ、メディアテークという仙台の公機関がありまして、震災後メディアテークがなにかと私どもに手を差し伸べてくださって、いろんな協力体制を作ってくださっておりました。そこで、いろんなことをやっているのですが、その一つとして、私が「浜の民話」と銘打って、今は津波で消え去ってしまって、あるいは今はほとんど分解状態になってしまったのですが、かつての浜で昔いっぱい話を聞いているのです。そして、それらはほとんど断片に近いような話だったり、取り留めなかったり、それから妙な話だったりしたために取り上げることなく資料集で眠らせておりましたものを拾い上げて、今は消えた浜で語られた民話を、一年に一回ですけども大きなパネルのようなものにしてもらって、ずうっと十話か十五話ぐらいを展示してもらって、ある期間そこに行けば、その「浜の民話」が読めるようにしていただいております。

こんなふうに民話に関わってきたために、民話に関わっていたからこそ、被災された方々からたくさんのことを学んで記録するということ、語るということ、それから聞くということ、こういうことを根源的に問い直され、今日までおります。

これからも少しずつ拾い上げていくべきものを拾い上げ、それから聞いて記録すべきものを記録していきたいなあと思っているところです。

どうもありがとうございました。

## 四　『巨大津波』を編むまで

**小田嶋**　ありがとうございました。では、続けて庄司アイさん、よろしくお願いします。

**庄司**　昨日来、みなさまには温かいお言葉をいただいております。どうもありがとうございます。ほんとにこんなちっぽけな、小さな町にみなさんお出でいただいたことに心から感謝申し上げます。

私の体験としてお話ししますね。私は、上手ではないのですが、そちらこちらで民話を語るとき、そっちの老人会、こっちの子ども会や施設で語るとき、必ず伝説を語っていたんです。三十秒で語れます。昨日から荒保春さんのお話やら、ここの私らの「追越堤（おっこしつつみ）」の話、三十秒で語れます。どんな会場に行っても一つそれを語っていたんですね。

さてあの大揺れのとき、私は「まんぜろく、まんぜろく」を言っていましたけども、その後ね、「こんな大（おっ）きな地震の後には、大（おっ）きな津波が来るね」と夫に言ったんだけども、夫はその気でないんですね。私らの集落の八十代、九十代の元老格の部落のリーダーだった人たちは、「常磐線があるんだもの、そこ越えてくる波なんていうのはあったことない」って言われたんですよ。でもねえ、私はそのとき、「じゃあ、三陸の方にはうんと津波が来るね」と言った覚えがありました。

でも、やはり津波の来る時間までを夢中で過ごしたというか、ちょっと出てって隣を見る、ちょっと行って隣と話をするなんかしてうろうろしているうちに私は流されたんです。そのときね、（やっぱり、私らの語ってきた民話は、嘘ではなかったんだ。荒保春さんがおっしゃるようにね、根っこがあってこの話がある）って。「しっかり語らっしぇ」って言われたことをね、流れた瞬間から私は思っていました。ベランダの柵に掴まって揺れながら、腰までだぶだぶと水がありましたが、流れていたんです。私はその瞬間から、（民話というのはほんとに根っこがあったものだ。これは、この津波を後世に伝える役目を私らはしなきゃないんだ）っていうふうな思いをしました。

それまで、私の心にいろいろ残ったものがありましたが、その一つに中浜小学校のことがあります。私の友だちの星美知子さん、昨日腹話術をやった方がね、旦那さんを亡くされて、もちろん、家も流されました。私も車は流されています。その美知子さんが何回も来てくれて、私を乗せてくれました。そのころの私の関心は、中浜小学校より磯浜漁港が心配だったんですね。（中浜小学校はみんな助かったから、何にも問題ない）と思っていたの。（ただ漁港の方でね、大事な名産のホッキが獲れなかったらたいへんだろうと、船もみんな流されてどうするんだろう）というんでね、何回か美知子さんの車に乗せてもらって、でこぼこでこぼことした道を磯浜漁港まで通って、中浜小学校に必ず立ち寄ったんですね。学校の上をみて、「うーん、ここで助かったのかぁ。子どもと住民九十名が助かったのかぁ、奇跡だったな」って言いながら、その校舎を何回か眺めたの。そのうち、その当時の井上校長先生や区長さん方にお話を直にお聞きしたでしょう。そして、三回目か四回目に中浜小学校を眺めたとき、（こりゃ奇跡じゃない）って思ったんです。まず、この生命の倫理観というものが私の胸にわあっと圧しかかってきて、とても重く受け止めたのですね。その上、美知子さんのお孫さんも、「あそこで一晩暮らして助かった」っていう話を聞いて、（これは奇跡じゃない）って、私はそう思ったんです。

なにしろ、学校の先生方の対応もそうなんです。けれどもね、その前から振り返ってみると、小学校の先生方はしょっちゅう替わるんです。でも、地元のみなさんは、ずっと中浜小学校を大事にして学校への協力をしていました。私もいろいろなイベントがあるごとにお邪魔してみると、先生方からして違っていたのです。さっき紙芝居を読んでくださいました門間先生もおっしゃっていましたけれども、例えば低学年は、「先生さようなら」をしました。そして、ぱあっと外に出ました。すぐ地震になりました。そのとき、みなさん考えてみてください。そこに誰も先生がいなかったら、子どもたちはどうなったと思います。ところが、低学年の先生方の連携で、子どもと一緒に、ちゃんと先生も外に出ていたんですね。授業は終わったけれども、やはり学校の校内で子どもさんを預かっている限りは、私は学校の責任だと思います。

　私も保育所に勤めていて、各クラスとも三時半ころになると、「先生さようなら」をして、ぱっと子どもたちを外に出します。ブランコがあったり、滑り台があったり、子どもにとって危険なものがいっぱいあるところに、子どもはぱっと出るのですね。私は（この保育という仕事の中で、この時間帯が子どもにとっていかに大事か）と思っていました。保育中でもないし、お母さんが迎えに来ている時間でもないからです。私はクラスを持たない期間が二十年ありましたので、（あっ、あっちのクラスでさよならしたな）と思うと、子どもよりも先にブランコ辺りで子どもたちを迎えることを自分の信念としてやってきたものなので、（ああ、私の三十年の勤務の中で大きな事故もなくて良かったなあ）ということを思っているのでね。

　中浜小学校の門間先生は、一年生担任で、まだ校舎の中におられるけれども、二年生の先生が、もうちゃんとゆらゆら大揺れのときに子どもたちをみんなをこう携えて伏せて、そして校庭に避難したっていうんですね。地域のこと、小学校が独立するときから私はずっと関係していましたので、（これはもう奇跡じゃない。地域の人たちが子どもの命、子どもたちの将来をまずこの学校に託して、校長先生も新任ではありましたが、前任の先生方の避難訓練を記録した記録簿をちゃんと確認し、検討されていた。やっぱりこうした先生方が、学校と子どもたちの命を守ったんだ）っていうことが、ぎりぎりと胸に来てしまったんですね。

　次に、なにせ娘の家に五十日世話になっての避難暮らしだったもんですから、私が宮城病院の官舎に落ちつくまで時間がかかり、やっと宮城病院の官舎に引っ越してから、私らの民話の会のメンバーもちょこちょこと来てくれるようになりました。会のメンバーには亡くなった人もいます。それで、私は「みんな集まってえ」って、まず集まってもらったんです、六畳の部屋にびっしりと集まってくれました。そして、今までの私らの活動やこれからしなきゃないことを話したときに、私らのメンバーもそれぞれ本当に「悲壮なパノラマの如く」という表現をさせてもらったんだけども、みんなたいへんだったんですね。被災しないから安心かというとそうじゃないんです。被災しなかった寺嶋さんも自分の家の部屋いっぱいに二家族も受け入れて、何日も過ごしました。

　そういう状況の中だったのですけども、なんと言っても民話をやってきて、そのやってきた本人が、津波にべろっと流されてしまったことの私の悔いを話したりして、「これは語り継がなきゃないんじゃないかなあ」っていうことを、私遠慮して静かに語ったんです。そうしたらみんながね、「そうだ、そうだ。これは語り継がなきゃない」ってね。

その第一の理由をお話ししますね。実は、町の防災無線が元機でぼきっと折れてしまって、町に避難命令の声がなかったんです。あの庁舎三階の上に立っていた防災無線が折れてしまったから、被害が大きくなって、犠牲者は他の町村より多かったのではないかと思うんです。そしてね、震災から五十日くらい経っていたんですが、「あら、山元町も津波に遭ったんですか」っていう声が友だちや親戚から来たんですよ。まるで山元町は津波がなかったかのように。(こりゃたいへんだ)って思って、私らのメンバーは、「それ急げ。話を聞きに出かけよう」ってなったんです。みんな身近に聞かれる話をね、友だち、親戚、私ら仲間の関係の方々を実際に尋ねて歩いて、テープレコーダーも何にもないけれども、私らは新聞に挟まってくる広告の裏紙と鉛筆一本を持って、そっちこっちの友だちやら昔の隣やらの話を記録して、そうして、できあがったのが、あの『巨大津波』の証言集なのです。誰もテープレコーダーは使っていません。

私はね、あるところの息子さんを亡くされた処に行って、鉛筆でメモをしていたんですね。私の家では、刃物は一丁でした。菜切り包丁が一丁です。鉛筆の芯が折れると、その菜切り包丁で芯を研いで、また



書かなきゃないのですね。その日の夕方にそのお母さんが、私に鉛筆削り機を買って届けにきてくれたんです。そんなふうで、テープレコーダーとかは頭にないんです。

まず、お話を聞きに行く。メンバー全部でそういうふうな気持ちになれたっていうのはね、いつも私は、「みやぎ民話の会流でやりましょう」と言っていましたし、小野先生の話を伝えて民話というものはどういうものだかということを話し合っていました。私らのメンバーも民話の学校やなんかで少しだけど民話について受け取っていた部分があったんだと思うのです。ほんとに私らのメンバーではね、誰一人不服なことも言わない。それこそ夜も寝ないで原稿を書いたし、コンピューターも私なんか全然できないのをやったりもしました。

(なんかいろいろな情報が、山元町をちゃんと報道してくれなかった)って思われたので、一生懸命励ましてね。(民話はこういうものでなけりゃあいけない、伝えなきゃならない)っていうことの意識が私らの仲間みんなにあったから、あの『巨大津波』の証言集は、できたんだなあと思うんですね。

また今日は、観音さまの方にもお参りいただきたいへんありがとうございました。そういうわけで、私らの集落は壊滅なんですね。昔からお念仏講をやってき

たという状況があるもんですから、この津波で生き残った人たちみなさんが、お婆ちゃんであれ、お爺ちゃんであれ、地域に残った人たちでお念仏を唱えてきましたけれども、そのとき、「あの辺の道路に地蔵さまの一つも建てたいもんだ」っていう声があって、それが、この観音さまになって、みんなの心の支えになり、拠りどころになってくれてるのかなあと思うんです。

私たちのその後のことですが、震災の一週間後くらいに「りんごラジオ」を立ち上げていただいたんですね。「りんごラジオ」は、毎日のように民話を放送の合間に入れてくれたんです。だから、みんなへたくそ民話なんだけども、その民話は、ラジオを聞いてくださるみなさんに、「私はへただから」なんていう遠慮がちな人もだめ、みんな順番があってみんな出演させてもらったんです。

まず、私は中浜小学校のことを、一番、これからの命の発信のために残したいという念願をもって、これからも活動を続けていきたいなあと思っております。

**小田嶋**　ありがとうございました。小野さんのお話も、アイさんのお話も、民話というのは単なる架空の昔話ではなくて、我が身と重なるものとして、根っこがある事実とか、歴史とか、昔の暮らしとか、そういうものに繋がっていける。自分の身を通して繋がっていけるものなのかなあということを、本当に実態として見せていただいたような気がします。

## 五　双葉町の子どもの話を読む

**小田嶋**　時間があまりないんですが、多少延びても構わないということですので、会場の方々から是非これは聞いてみたい、例えばどなたかにこのことを聞いてみたい、あるいは、みなさんお一人ずつに、こういうことを聞いてみたい、ここはどうだったのだろうかということがありましたら出していただけたらなあと思います。いかがでしょうか。

**目黒とみ子**　みなさんこんにちは。私、先ほどの小野和子先生のお話にも出てきました、目黒とみ子と申します。私、福島県双葉町に住んでおりました。原発避難で家を出てまして、早いもので八年目に入ったのかなあと、そんな気がいたしております。昨日は、巨大津波を経験された方のお話を直に伺いました。ほんとに胸が詰まりました。

私からは、双葉町の子どもの話を、子どもたちが書いたもの、小学生、中学生、高校生が書いたもの、三人とも男の子のものを持ってきましたので、こういう機会ですから、それを読まさせていただいて、みなさんに「津波と原発避難」というものが両輪で、どちらもたいへんだったということを聞いていただきたいと思います。

小学六年生「僕の夢」

僕の将来の夢は、競輪選手になってオリンピックに出ることです。なぜなら、僕のおじさんが競輪選手でオリンピックに出たことに強いあこがれを持ったからです。この夢は、保育園のときから変わっていません。夢をかなえるために、今は陸上をやって身体を鍛えています。勉強も頑張っています。たまに、お祖父さんと一緒に自転車で十キロくらい走っています。双葉町に住んでいたときには、請戸まで行ったりしていました。

夢をかなえるのは簡単なことではないと思いますが、今やらなければならないことをきちんとやり努力していきたいと思います。

これは、小学校六年生の男の子です。次は中学三年生の男の子です。

中学三年生「現在の自分とこれからの願い」

震災が起きて三年四ヶ月が経ちました。この約四年間を過ごしてたくさんの経験をしてきました。

まず、震災直後は、川俣の体育館に避難し、次は猪苗代に避難し、会津若松市へと避難しました。会津若松では、門田小学校へ転校しました。門田小では、最初のころは、人とうまく話せなくて辛い時期がありました。でも、サッカーを通して、友だちとうまく話せるようになり、充実した一年を過ごすことができました。中学校は、いわき市の平第一中学校に入学しました。平一中では、人間関係や部活でうまくいかず、学校に行かなくなりました。でも、高校へ行きたいという思いがあったので、このままでは駄目だと思い、三年生から双葉中学校へ通うことを決心しました。僕は一学期だけでも、いろいろな経験をしました。

特に一番記憶に残っているのは陸上大会です。陸上大会では、一回で結果を残さなくてはいけないので、体育館ではありましたが、プレハブ型のグラウンドを借りて毎日練習をしました。でも、それだけでは足りないと思ったので、帰ってからも自主トレーニングも頑張りました。でも大会のときには、周りの人にどんどん抜かれて口惜しい思いもしました。だけど、陸上大会を終えた後は、満足感でいっぱいになりました。また、それと同時に向上心も高まりました。一人だけの教室は（双葉町では今、小中一貫校を作ったわけです。そして、中学三年生で入学したのは、この人一人だけだったのだろうと思います）、心細いこともありますが、不安になって立ち止まっても前に進めないので、今は自分の目標に向かって頑張りたいと思います。

次は高校三年生の男子です。

高校三年生「約束の日」

その日、僕は郡山北工業高校のナインと共に、高校野球、夏の大会を戦っていました。対戦相手は強豪の学法石川高校で、序盤から投打に圧倒され思うように自分たちのプレーができないまま、一方的な試合内容で敗れてしまいました。悔しさと自分への不甲斐なさで俯きながら球場を出ると、大勢の保護者や応援団のみなさんが拍手で出迎えてくれました。その中に彼の姿がありました。三年前、埼玉スパーアリーナに避難したときに、学生ボランティアで来てくれた彼が、坊主頭の僕を見つけて、「野球をやっているのか」と声をかけてくれたのが知り合ったきっかけでした。自分も高校球児だった彼は、その後なんども避難先に来てくれ、仲間からバットやグローブを集めたりして、野球を続けるようにと励ましてくれました。その年中三の夏休み、僕が福島に戻るとき、「高校でも野球やれよ。大会には必ず応援に行くから」と言って、見送ってくれました。その約束の日が、今日だったのです。僕は、彼に申し訳ない気持で、「いいところを見せられなくて」と言った。「頑張ったじゃないか。また大きくなったな」と、肩を抱いてくれました。三年間夢中でやってきましたが、大会を終えた今、こうして自分を思い続けてくれた人や支えていてくれた人が大勢いたことに改めて気付き、感謝の気持ちでいっぱいです。野球を続けてきて本当によかったと思いました。

まもなく自分の進路を決める時期になります。故郷の復興に役立ちたいと思い、工業高校に入学しましたが、今のところ地元に帰ることは難しく、寂しい思いもあります。しかし、双葉町が故郷であることを忘れずに、これからもしっかりと頑張っていきたいと思います。進路が決まって落ち着いたら、今度は、僕が彼を訪ねたいと思っています。

**小田嶋**　ありがとうございました。今聞いていると、子どもたちも何回も学校を替わってるんですね。大人と一緒に何回も引っ越ししているんだということ、子どもたち一人一人にも、それぞれのあの日からの七年間があったということを感じました。ありがとうございます。

## 六　鎮魂の鐘の建立について

**小田嶋**　あと何か是非聞いておきたいこと、言っておきたいことなどありましたら、どなたかありませんか？

います。

**長岡久馬**　この場をお借りして御礼申し上げたいと思います。この町の「NPO法人　山元明日に生く」の理事長の長岡と申します。やまもと民話の会発足二十周年ということで、みなさんたいへんおめでとうございます。

実は、今回お渡しいたしました資料の後ろから二ページ目の一番上に、「平成二十七年四月　深山『鎮魂の鐘』に協力」ということが、やまもと民話の会の方たちの歩みの一部として書いてございます。このことについてなのですが、当時、非常に募金活動がうまくいっていなくて、こんなことを言ってごめんなさい、三年前の平成二十七年の四月二十九日に、この深山の頂上に鎮魂の鐘建立のため伺いました。この募金、当初たいへん苦労しておりました。そこに、民話の会の個々のみなさまがご寄付くださったと同時に、たいへん苦労して編纂されました、あの『巨大津波』の売り上げの一部から、非常に大きい額をお贈りいただきました。それが助けとなって、りっぱな鐘ができました。みなさんの前で御礼を申し上げる機会がなかったので、この場をお借りして御礼申しあげます。

今、非常に大勢の人が訪れてくださっています。是非みなさまもおいでいただきたいと思います。よろしくお願いいたします。ありがとうございました。

**小田嶋**　ありがとうございました。あの鎮魂の鐘につきましては何か説明がありますか。

**庄司**　私たちの仲間にも声がかかったんです。森博子さんがこの鎮魂の鐘にも関わりがあったんですね。それで、私たちも出来るだけのことの協力をと思って、高額ではないけれども、少しご協力申し上げたくらいのことなんですね。

正直なことを申しあげますとね、今回の私たちが発行した本がね、一冊五百円で買っていただいて、その利潤として本屋さんからいただいたものが、割と高額だったんですよね。高額というのは、数多くの本が全国のみなさんにお手渡しできたということの証拠だと思います。

それで、会計をやっていた人が、「お金ちょっとあるよ」ということで、私たちは、この証言集で、証言してくださった七十何名かのみなさんをお呼びして、中央公民館の大ホールでお食事会をしました。会場には証言してくださった被災者の人たちが、それこそ野の花やら山の花やらを摘んでペットボトルで花瓶を作ったりして、会場をきれいに飾ってくれました。それで関係の町長さんはじめ十七、八名の方を来賓としてお呼びしました。その方々にもお弁当はもちろん、記念品も地元のお店をやっている方から準備しました。いつもお忙しくてお目にかかれない町長さんから教育長さん、課長さんたちもみなさん来てくださって、巨大津波の体験を語ってくださった方々と一緒に私たちの精算を終わらせたんですね。それもね、私は代表として、皆さまにうんと苦労かけました。自腹を切ってやった人もいるんです。でも、そういうふうなことは、みなさん何も言いませんでした。

三年前の鎮魂の鐘のときも、みんなと相談して、そのお金があったものだから差し上げて精算が終わり、これから私たちは方向を変えてほんとに、前からやってきたように民話を語ったり、聞きに行ったりしたいと思っているのです。今私たちがやっているのは、集落ごとの元老さんから村の話、集落の話を聞いて記録しているんです。「津波でなくなってしまった浜通りの昔のことも記録しなきゃないなあ」と言っているとこなんです。以上です。

**小田嶋**　ありがとうございました。本当に意欲的に続けていらっしゃるんだなあということがよくわかりました。他にありますか?

## 七　「山元町はとても大きいです」

**西洋子**　東京から参りました、西洋子と申します。それで、私は先輩から『小さな町を呑みこんだ巨大津波』という最初の本を送っていただいて、それがきっかけで庄司さんとも知り合いになりまして、仲間何人かで何度かここの土地を訪ねさせていただいております。今回は、やまもと民話の会が発足二十周年となったので、また数人で伺わせていただきました。

最初伺ったのは六月だったでしょうか、やまもと民話の会の方々がすごく強いなあと思ったのです。そのときは、土地を案内してくださったんですね。そのとき星さんもいらっしゃったんですけども、星さんの家の近くで、「ここが自動車学校で、ここが家で」とかいろんな説明をしてくださいました。すごく辛かったんじゃないかなあと思うんですけどもね。庄司さんのところも、「この辺りが家だった」とみなさんいろいろ話してくださって、私たちは、何かできないかなと思ったのですが、結局何もできてないんですけども、それで今日も伺わせていただきました。

昨日ですね、民話の会の方々の証言集は読ませていただいたんですけども、お話になった方が書かれたものを朗読なさいましたよね。そうすると、ほんとに字で見ているのと、そのことを実際お話ししてくださるのでは、こちらで感ずるものがものすごく違うのですね。ほんとにお気持ちがよく伝わってきました。

それから、女の方のお話で、「上に孫二人がいて、それから自分、そして娘がいて自分がなかなか上に上がれない」。それで、「バックを捨てなさい」と言われたというお話がありました。だけど、その消防士さんとか、普通の方々の他に警察の方々とか、その方々がどんなに必死になっていろいろみんなを助けようとしていたのかなということが、その一文だけからもよくわかって、やっぱりすごい事件だったのだと、いろいろ学ばせていただきました。

実は、私は仙台の出身なのですが、あのとき、私たちの高校で、東京の支部総会というのを五月に開くことになっていたのですね。三月十八日に案内状を発送しようとしてお仕事しているときに、大震災ということで、東京でも支部総会を開くかどうかすごく揉めたのです。「こんなとき総会を開いてる場合じゃない」「いやこんなときだからこそ開く」と。東京のメトロポリタンのホテルが、「たとえ一人になっても、誰も集まんなくてもいいですよ」ということだったので、とにかくみんなに声をかけて、そのときに何が自分たちにできるか、とりあえず義援金とかそういうことしかないというので、案内状がもうできあがっていたんですけども、その上に紙を貼り付けて、「こういう震災なのでご協力いただければ」といったら、本当に関東圏内にいる卒業生ですけれども、ものすごい義援金が集まりまして、それをすぐ市と国庫にお届けしました。ということで、私たちもなにができるのかということは、ちょっとわからないのですね。身近に何かお手伝いすることがあれば、それで、ものすごく人は動くんだということが、そのときちょっと実感として感じたんです。

民話の会で、子どもたちにどういうふうに伝えるかということですね。私の家の近くにすごく有名な東京の私立の子ども図書館があるのですけれども、その震災の記録という子ども向けの、それをちょっとみなさんに読んでいただけないかなあと思ってお持ちしたら、「あの、子どもには衝撃が多すぎるので、もう十数年経ったらまた考えるけれども、今の段階で子どもたちには見せられない」というご返事だったのですね。それで、私はそれもわかったんで、引き下がりました。よくわかりましたけど、子ども向けに書いてある本なので、実際こんなふうにあったのだっていうことを、まあ小さい子はまた別としても、小学生くらいは、ああこんなことあったのかなということをちゃんと読んでもらってもいいんじゃないかなとちらっと思いながら、でもそういうことも、子どものことを考えるとできないと言われてしまうと、私たちもすごい衝撃を受けました。図書館の方が言うこともわかるけども思って、持って帰って引き下がったというようなこともありました。

庄司さんね、とっても生意気なのですけども、山元町はちっぽけじゃないですよ。東京と同じです。だから、昨日から、「なんどかちっぽけなところにいらしてくださって」とおっしゃって、庄司さんなりの謙遜の気持は良くわかるんですけども、「すごく大きい山元町」とおっしゃって十分じゃないかなあと思います。ごめんなさいね、こんなこと言って。というふうに、土地によって小さいも大きいもないので、それぞれの土地でみんな一所懸命活動していると思うので、山元町はとても大きいです。

**小田嶋**　ありがとうございます。私もそのように思います。今のご感想の中に、子どもたちに対して震災のありのままをいろんな表現を介してにせよ、伝えることについて、図書館などの機関においてもためらいがあると指摘いただきました。そのことは、とても大切なことと思いますので、先生方はどのように考えていらっしゃるのか、もしお聞きできればと思うのですが、いかがでしょうか。

**庄司**　これは、星さんに語ってもらいたかった話ですけども、今、席を外しているようなので、私からお話ししますね。

星さんは旦那さんを亡くされているのね。そして、お孫さんは小学校の屋上で助かったんです。でも心を痛めてしまっているふうでもなかったのです。その後もちょろちょろと遊んでいたそうです。ところが、名取に引っ越して行ったとき、名取の小学校で映像で大津波を映したんだそうです。そしたら、星さんのお孫さんはその場にばたっと倒れてしまって、救急車で病院に行ったそうです。実は、私の孫もちょっと心を痛めているところがあるから、私の家でも津波のことは禁句です。家を建てるのも、海から一番遠いところに、と、そういうふうでね。

私ね、四、五日前にね、石井先生から、「関東大震災の小学生の記録」を送ってもらったのです。先生が一番初めに語ってくださったのだけれども、あれを読ませてもらっているとね、子どもたちには、そういう暗いところは割となくって、子どもらしく堂々と書いているのね。だから、津波の経験者と、震災で被災した経験者とは微妙に違うのかなという疑問を持ちながらおりました。それと、やっぱり何人か大人でも心を痛めていて、そういう話ができない人もいることはいるのです。現実がそれです。

**小田嶋**　ありがとうございます。

**岩佐年明**　態度もでかいけど声もでかい、昨日ズウズウ弁で朗読させてもらった岩佐と申します。

まず、四人の先生にお礼の意味で一言だけ言わせてもらいます。まず石井先生、表現の捉え方が違っているかもしれませんけども、それなりの生活の中で親の仕事の体勢を見て子どもは語っているというところになるほどと思いました。それから、野村先生の福島のお年寄りもたいへんだけども、世界には難民がいる状況もあるんだなあと思いました。それから、小野先生。小野先生には、民話の会をやって、一人か二人しか来ないこともあるけども、ある日、「タケノコないのかなあ」という言葉があったのもやっぱり、その人の状況から見ればそういうことだなあと思いました。あと庄司アイさん。今回二十年ということで、民話には根っこがあるんだという状況を聞かせてもらって、なるほど二十年の歩みは無駄でなくて、チームワークで今日まで来たんだなということがわかりました。御礼申し上げます。

それから司会者の方、私と同じですが、なぜか東日本大震災と言う言葉は嫌いなんです。機会あるごとに、「大地震、大津波が来た」という言葉を発しています。以上、本日は五人の方ご苦労さまでした。

**小田嶋**　ありがとうございました。全部まとめていただきましてありがとうございます。

## 八　子どもたちに伝えなければならないこと

**小田嶋**　まだ少し時間が延びてもいいということなので、先ほどの話に戻ってもよいでしょうか。被災した子どもたちに語る一方で、今度生まれてくる子どもたちやあの日を知らない子どもたちにも知らせていく、伝えていくことが、私たちの努めでもあります。そのときに気をつけなくてならないことはたくさんあって、それでもあの日を伝えたい。どうしたらよいかと本当に悩みますね。だから、それについて、先生方から何かご意見があればお聞きしたいなと思うのですけれども。

**石井**　この災害がもたらす心理的ストレスの問題というのは、実は関東大震災などでは、まったく記録がありません。むしろ、阪神・淡路大震災から東日本大震災にかけて、この問題が非常に大きくなってきて、私たちはそれと向き合わなければいけない。証言集など、「語る・聞く・書く」というところで大きな力を発揮されて、これにはほんとに心から敬意を表して、われわれ研究者は、「お前たちは、なぜ学問をやっているんだ」ということに向き合わざるを得なくなっている状況です。

また一方で今、生じている問題は、語ってはいけない、聞いてはいけない、書いてはいけないという問題と向き合わなければいけない。それは、まさに震災も含め、個人情報だからなのですね。現代社会というのは、さまざまな意味で個人情報が保護されなければいけない。でも一方で、私たちが生きているということは、個人情報以外の何ものでもないわけです。学問では、そこを記号化して、Aさん、Bさんはとデーター化してしまいます。でも、それはどうかなと私は疑問に思っているんです。私が深く関わってきた『遠野物語』も、まさに個人情報に満ち満ちています。実は民俗学は、そうした『遠野物語』の本質を切り捨てることによって、学問になったと言ってもいいと思うのです。そういったことに、私自身が向き合わなければならないと思います。

ただ一方で、二十一日に東京の本郷図書館で講演したときに、目の前にいたのは小学校五年生の女の子と男の子でしたが、お母さまが始まる前に、子どもたち二人に、「このお話は大事なお話だから、しっかり聞きなさい」と言っていました。大人の講演会にお子さまを連れてくるというのは珍しいので、今日ここに来ている私の妻は、その親子のことが気になって、具さに観察していて、「メモを取りながら聞いていましたよ」と言ってくれたので、私もどきどきしながら話しました。

学校教育と違って、こう社会教育の中でそういう意識を育てていくことが必要ですが、一方で、心理的なストレスを見つめながらも、次の時代を担っていくのは子どもたちです。今の子どもたちが八十年後に、まさに大きい力を発揮するわけですから、あきらめてはいけないと思っているのです。ですから、七年という歳月を経て、私たちはそのことに向き合わなければいけない時期に来ているのだと思います。これは今日の会の大きな課題であり、私に解決のための便利な方法があるわけではありませんけれども、この課題を共有しておくということは、とても大事なことだと思っております。

**野村**　私もこの問題と直面いたしました。私は、語りの可能性を信じて、何十年も語りと向かい合ってきております。昭和三十年（一九五五）ころからずうっと昔話を聞いております。それで、図書というメディアと映像というメディアですね。いろいろ目で知ること、耳で聞くこと。そして、語りというのは、声が全てです。声の持ち主は、ハートの持ち主なんですよね。ですから、一人で孤独に目で読む、まあ音読しても同じですが、子どもが孤独に読書をすると、その読書の行動様式は民話とは遠い。私は特にこの人間関係こそが民話のテーマになっていると思うんです。声、語る、そして抱きかかえてお母さん、お爺ちゃんでもお婆ちゃんでも、伝聞でもいいと思います。親が読んで子どもに伝える。

先ほどの目黒さんのご本を、小さい欄ですけど、口承文芸学会でご紹介をしました。そういうところに、目黒さんはどれくらい放射能のことを知っているんだろう、私たちはいったいどれくらいのことを知っているんだろうと書きました。知らないんですよね。そして状況だけの説明とかしていても駄目だから、子どもには放射能のことではないとは思いますけれども、その出来事や歴史を子どもに伝えるときには、自己学習の以前ですね。子どもは恐怖心にかられるから、図書を封じられるというのは年齢の問題もあると思うんです。図書館という機能の限界もあります。やはり、語りというか、声の文化というか、肌と肌を近づけて体温を通わせながら伝えるべきことは、世の中でいっぱいあります。石井先生は学校教育のお方ですけども、私たちは一人の婆として子どもに伝えるべき言葉を今たくさん抱えているなと思っているんですね。もしかしたら、図書で伝えなくても、もっと別な方法で伝えるということは、これは可能性が高いと思います。いかがでございましょうね。

**小野**　私は昭和一桁の生まれですので、小学校時代はすべて戦争だったんです。それで、「アメリカやイギリスやフランスの本は、悪いもんだから」って、先生が運動場の真ん中に集めて火を点けて焼いたり、「青い目の人形を持っているものは持ってこい」と言われて、私も大切な青い目の人形を持っていって運動場で焼かれたりしました。目を覆うようなひどいことが振り返ると行われたわけですけれども、それによって、私の子ども心がどれほど傷ついたかということになりますと、子どもって傷つきやすいものを持ちながらも、一方で強いものを持っているような気がするのです。そういうひどいことに遭いながらも割合に撥ね返して、こっそり大人の恋愛小説を読んでみたり、何か知らない新たな道を求めてみたりしていたような気がいたします。

細心の注意を払いながらですけども、根本のところでは子どもという存在、それからその子どもを取り囲む一人の人間である自分自身というようなものを、どっかで、言葉はおかしいかもしれませんが楽天的に信じて、前へ向けてのエネルギーにして、できることを積み重ねていくということも必要じゃないかと思います。できないことやたいへんなことをたくさん数えて、それにきちんと対応するべく整理する必要は一方ではありますけれども、そのことと同じように、それを切り抜けていく人間の力と言うものを根本的に信頼していきたいなあと、今回の震災においても、そのように強く思っております。

## 九　語り聞く民話が伝えられること

**石井**　一つだけ補足いたしますと、震災の問題だけでなくて、昔話ですと、「カチカチ山」の話がありますね。お婆さんがタヌキに殺されて、お爺さんがウサギに頼んでタヌキをやっつける。今、図書館に行って見てくだされればわかりますけども、絵本で見ますと、ウサギがタヌキを沈めるのではなく、タヌキはお婆さんのところに行って謝るんです。「お婆さんごめんなさい、これから悪いことをしません」って謝って、みんな仲良くなりました。そういう、学校教育が喜ぶような絵本になっています。

だけど、人間の持っているその残酷性とか、そういったものに最初から目をつぶってしまう。継子いじめの物語もそうですが、学校だと、「教室の中にはご家庭の複雑な子がいますから」っていう話になってしまう。その結果、いじめに対する対抗力を子どもたちが養う機会を私たちは事前にみんな摘みとってしまう。むしろ、いじめに対抗しながらも生きていく、家庭の事情を乗り越えていくような力強さこそ、子どもたちに与えて、大人にしていかなければいけないと思うのです。いじめはそう簡単に無くせるものではなくて、人類が根源的に抱え込んでしまった宿痾だと思うのです。私たちはいじめと向き合う力を放棄してしまって、表面的な道徳だけを教え込もうとしているような気がするのです。きちっと子どもの心の中に入って、「あなたが生きていくために大事なことは何か」ということを届けなければならないということは、震災の問題だけでなく、最近強く感じているのです。

**小田嶋**　ありがとうございました。あったことをなかったことにして蓋をしてしまうことが、もしかして学校の中でもいろんなところでもあるのかもしれませんね。けれども、それをちゃんと自分の目で見れるようになりたい。そうしたためには、やはり野村先生が、子どもたちを傷つけないためにはありのままの過去で、子どもたちを傷つけないためには、聞き語る場の血の通いみたいなものが、なんとかそれを救ってくれるかもしれない。そして、その底にあるのは小野先生がおっしゃる子どもたちの底力への楽観、子どもたちを底の底で楽観しているということなのかなあと思いました。

**宇佐見照子**　私は、ほんとうに、今、石井先生方がおっしゃったことは大事だと思います。私は実はここに参りまして、たくさんのご本を庄司さんから頂きました。また自分でもまとめたりしました。

私の住んでいる所は、ちょうど所沢市と狭山市の中間点のようなとこなんですね。両方に図書館がありますので、図書館に行きました。そのときに、片方の図書館では、私が、「是非これを入れてください」。私の出身地の被災された方が作った本です」って言って寄付を申し出ましたら、早速、「まあ、良いものをくださってありがとうございます」って言って受け取ってくださったのが一つの市です。もう一つの市は、「ああ、それは良いんですが、ちょっと図書館の中の審議委員会にかけなければいけない」っておっしゃられたので、私は、そこには差し上げませんでした。もしかして、そこで駄目と言われたら、それを私に返してくれるのだと思うのですね。そんな感じなので、「では結構です」としました。

そういうふうに、まだ政府に縛られている教育ですか、でもそれに抵抗している図書館もあるんですよね。やっぱり、それは運営する上で本当に大事なことだと思うんですが、それに逆らえないみなさんがいることもよくわかっております。昔からそういうことがあったんだと思うんですよ、世の中には。それでできたのが民話だと思うんですね。民話があったから、どこにでも語りが伝わってきて、それが民衆のために、いろいろに解釈はしたでしょうけども、結局今までずうっと伝わってきて、私たちはそれによって生かされている。

歴史の先生もたくさんいらっしゃいます。歴史の中の正史と言われている政府で認められた歴史書、そこに書いてないことも、そういう民話の中に秘められた日本の歴史があるんですよね。そういうことを見せていただいて有難いんですね。

私も戦争中の人間ですから、もう歴史の授業なんかないと同じで、もちろん授業時間というのもなくなりました。そういう時代に育っていますので、今でも本を見るのは大好きです。目がだんだん見えなくなり、耳も聞こえなくなりましたけど、庄司さんのお話を聞くのも大好きです。ですから、そういう世の中であってほしいんですね。民話をずっとずっと日本の中で語り継いでいただきたいと思います。

**柴田民雄**　みやぎ民話の会の柴田と言います。庄司さんがおっしゃった、星さんのお孫さんのことですね。私は、これは本当に気をつけなければならないと思うんですよ。そういうお子さんたちがいるところで、目からのストレートな映像ですね、これは、非常に気を付けなければならないというのが一つあるんです。

そして、思い出したのです。実は楳原村男さんという優れた語り手が、栗駒の山麓にいらっしゃったのです。その方の語りの中に、「井戸に落ちた地震」という話があるのですね。これは、フィクションであるし、抽象性がすごく持たれているんだけれども、すごく面白いのですよ。地震を人格化して、大きな木をいっぱい採ってどかどかと帰ってきて、おかみさんがいつもそれを待っている。そういう地震の親父さんが、最後は井戸に入ってしまうというお話なのですね。これは、語り手が言葉で語るんです。つまり、ストレートな映像ではなくて、その人が語るのですね。だから、聞く方は、言葉を聞くでしょうけども、その人を聞いていると思うのです。そうすると、これが語り聞くの根源的な問題だと思うのですが、言葉をその人が発して、その人のことを聞き手が受け取っているわけですよね。

　そこには、さっき小田嶋さんがおっしゃった血が通うとかぬくもりとか、もしかして、とても辛い残酷なことでも、語り手その人を聞くことによって、何か知らない空想の世界だったり、フィクションだったり、抽象性の中に身を置くことができる。これから私たちが子どもたちに、あるいは次の世代に、その人が語っていくということが、大事なことではないかということを思いました。

**小田嶋**　ありがとうございました。声っていうのは、ほんとにその人そのものというふうに感じられるときがありますね。よく、語り手のご家族から、「祖父ちゃんの声が聞きたいから、テープをダビングしてください」と言われることがあるのは、やはり、その人の声がその人を感じさせるからなんだろうなと思います。ありがとうございました。

　それでは、時間が少し過ぎてしまいましたが、これでフォーラムを終わらせていただきます。どうもありがとうございました（拍手）。


参考文献
・荒保春『口碑福田史』1～7、私家版、一九九四～二〇〇七年
・石井正己編『東京市立小学校児童震災記念文集　尋常一年特集』東京学芸大学石井正己研究室、二〇一八年
・新地町史編纂委員会編『新地町史　自然民俗編』新地町教育委員会、一九九三年
・第七回みやぎ民話の学校実行委員会編『大地震大津波を語り継ぐために―声なきものの声を聞き　形なきものの形を刻む―みやぎ民話の会叢書　第一三集』みやぎ民話の会、二〇一一年
・早坂泰子・河合隆博・小野和子編『「閖上」―津波に消えた町のむかしの暮らし―』みやぎ民話の会、二〇一四年
・目黒とみ子聞書き、みやぎ民話の会編集協力『双葉町を襲った放射能からのがれて―わたしたちの証言集―』双萩会、二〇一六年
・山元町文化財保護委員会編『山元町ふるさと地名考』山元町教育委員会、一九九四年
・やまもと民話の会編『小さな町を呑みこんだ巨大津波』第一集～第三集、やまもと民話の会、二〇一一～一二年、小学館、二〇一三年

# 再び記録をまとめて

加藤恵子

第一部では、この翻字作業を通して、「民話の力」について深く考えていなかった自分を認識しました。そして、この第二部では、「復興を支える民話の力」についてじっくり考えることができました。

語ってくださったみなさんから「民話の力」を考える手がかりを頂きました。石井先生は、「私はここ山元町に来て、『民話の力』を改めて勉強したいと、そう思っているわけです」と語っておられました。庄司アイさんが、「私はこの震災を体験して、『民話の力』を知りました。民話は、命を生み出すものであり、民話は、命を育むものだということを……」と具体的に教えてくださいました。また、野村先生は、「今、私たちが恩恵を被っている世界タイプの比較分類、そういうものに学問が到達する一つの足がかりが、あの関東大震災の中にあった。文化というのは、そういうものかなあと思います」と、震災の中にこそ新たな文化を育む芽があることを示唆してくださいました。そして、小野先生は、「民話に関わってきたために、民話に関わっていたからこそ、被災された方々からたくさんのことを学んで記録するということ、語るということ、それから聞くということ、こういうことを根源的に問い直され、今日までおります」と、民話を「語り・聞く」ことについてもう一度ご自身に問い直していると具体的に話してくださいました。

私自身も民話に関わってきたからこそ、有形無形の「生きる力」をもらってきたのだと改めて思いました。

二〇一八年一〇月二〇、二一日に開催された、「第三三回　みちのく民話まつり～いろり端で聴く新庄・最上の昔話～」に参加しました。そこでも、「民話の力」を感じることができました。囲炉裏を囲んだ語りの場には、話を伝えたい、話を聞き逃すまいという緊張した空気が漂っていました。

新庄民話の会最高齢の伊藤佐吉さんの語りは、お母さんのタケヨさんから語り継いだ「さるむがす」の話でした。語りの結末（猿ではあっても一度嫁に行った末娘が、実家の敷居を跨げず、一人旅に出て奉公先を見つけ、自力で幸せをつかむ）が印象に残りました。昔の女の人たちが嫁に行ったらもう実家に戻ることはできないという話が心に沁みました。佐吉さんに語ったお母さんの思いが、聞いているみなさんの思いと一つになって会場全体を包み込んでいるようでした。しかし、この結末は、弱い女の立場をバネに自分の幸せをつかむ力に変える話として語られているとも思いました。ここに「民話の力」を感じました。民話から、弱い立場を乗り越える力や語り続ける力や語り聞く喜びの力を与えてもらってきたのだと思いました。

大震災から八年が過ぎようとしています。被災した土地は大きく変貌してしまいました。しかし、変貌した土地で、「民話の力」を実感した人たちが語り継ぐ民話は、私たちの先祖が自然と共生し、その暮らしの中で見出してきた生きる力を変わることなく次世代の人たちに伝えていくだろうと思います。

この記録を通して、語られる言葉一つ一つに先人の深い思いがこめられていることを再認識することができました。私なりの「民話の力」を見つけ出し、次世代に伝える努力をしていきたいと思います。

エッセイ

# 山元町の復興に携わって

玉田誠司

全住民が退出したことでようやく撤去された仮設住宅（山元町）



## 初の東北、宮城県山元町へ

平成二九年（二〇一七）度の一年間、兵庫県福崎町から宮城県山元町に派遣され、東日本大震災の復興支援に携わりました。兵庫県の町は、県内の一二町で構成する町村会に所属しており、各年度に四町から一名ずつ職員を派遣しようと決めていました。平成二九年度は、町村会からの派遣の最終年度に当たる年でした。

山元町に到着してまずしようと思ったのが、沿岸部の状況を見ることです。山元町は東日本大震災で発生した津波で甚大な被害を受けましたが、震災から六年が経過していることもあり、「正直、復興はだいぶ終わっているだろう」と思っていました。

ところが、海に向かって車を進めるうちにどんどんさびしい状況になり、海沿いは建物が一切ありません。「こらあかんわ……」、これを復興させるのにどれくらいかかるのか」。自分の考えがいかに浅かったかを一瞬にして思い知ることになりました。

山元町は津波の危険の著しい区域を「津波防災区域」として、条例で居住用建物の建築を制限しています。人が生活する区域の復旧復興を先に進める必要があるため、沿岸部の整備は後手になったのかもしれません。その結果、現在まで整備が遅れ、ダンプカーやバックホーがひっきりなしに動いている状況になっていました。

兵庫県にいると、三月にでもならない限り、基本的に東日本大震災の被災地の状況が詳しく報道されることはありません。宮城県では日常的に残留放射性濃度の数値や、震災での死者行方不明者数などが新聞に載っており、東北と地元との温度差を感じました。

## 山元町での生活

公務員としてもともと防災にかかわる仕事をしたいと考えていた私にとって、山元町での勤務は希望しないわけにはいきませんでした。山元町では総務課の危機管理班に所属し、主に防災を担当させてもらいました。災害対策や自衛隊との連携、福島第一原発から発生した放射性物質の残留濃度測定等、地元ではできない業務を経験させていただきました。

また、東北の地を訪れるのが初めての私にとって、仕事だけでなく、プライベートでも非常に充実した毎日でした。同じアパートには北海道から九州まで全国各地の派遣職員が生活しており、アパート仲間での親睦会が数多く開催されました。職場で顔を合わせると会話が生まれる状況で、宿舎の雰囲気は非常によかったと思います。地元を離れて単身で生活をする状況にあったため、派遣職員同士で自然と仲が良くなることも多かったです。一生の付き合いになるであろう仲間も多くできました。

地元の方との交流の場にも、意識して参加するようにしました。派遣職員は山元町の方にはすっかりなじみのあるものになっていたため、田舎町ではあるものの、よそ者意識などは全く感じませんでした。震災後、「コダナリエ」という全て地元有志の手で作り上げる冬のイルミネーションイベントが始まりました。準備から開催期間中、片付けまで二カ月以上にわたる運営にも携わらせてもらったりして、非常に思い出の残るものになりました。地域づくりの会議にも参加させていただきました。少しずつ形になっていると聞き、非常にうれしく思っています。

山元町は観光以上移住未満にあたる関係人口の創出に力を入れており、普段は町外や県外に住んでいながら、年に何度も山元町を訪れる山元町のファンが多くいます。空家をシェアハウスにリフォームして地域住民の交流の場を作った人や、不定期で格安のバーを開催する人。それらの方々も、山元町ではすっかりなじみの人たちになっています。

これらの取り組みが結果的に移住者を生むことにつながり、少しずつながら成果も出てきています。もともとは、田舎町にありがちな、外部の人間が簡単に集落に入ることができなかったところかもしれません。ただ、震災当時は、あまりの被害に派遣職員はじめ外部の人材を受けいれざるを得なかった、とのことです。

地域の方との交流の場や、職場での食事会等、人が集まると自然と震災当時の話が始まります。涙ながらに当時の話をされる方も少なくありません。町はきれいな姿になってきてはいますが、人々が負った心の傷は今でもやはり癒えていません。

## 東北の現状

山元町での勤務が決まった時から、東北地方をいろいろ回りたいと考えていました。大震災発生後にボランティアや観光で現地に行くことができなかったため、東北の復興状況をいろいろ見て聞いて、できる限り持ち帰りたいと思ったのです。山元町だけでなく、県北や岩手県・福島県の沿岸部の復興状況も見ておきたいのと同時に、東北の文化に触れたいということがあり、週末にはあちこちに出かけました。

岩手県では中部から南部の沿岸部を訪れました。岩手県は三陸海岸の特徴であるリアス式海岸が津波を高くするため、これまで何度も巨大な津波に襲われていい



ます。いまだに大規模な道路整備や土地の区画整理を行っているところも目立ちました。

宮城県では全体的に北部の復興が遅れていると感じました。北部は沿岸部からすぐに山地になるところが多くあるため、集落の高台移転をするための造成や土地所有者の特定に時間がかかります。それに対し、山元町は平地の田畑であったところに新市街地を造ることができたため、北部よりは土地の確保や造成が進みやすかったものと思われます。岩手県の南部から宮城県の北部では、津波により被害を受けた鉄道の復旧を諦め、ＢＲＴと呼ばれる高速バスが鉄道の代わりを担っている地域があります。

福島県では原発事故がいまだに大きく影響しており、復興は非常に遅れています。残留放射性物質の濃度が高いために、人が住むことができない帰還困難区域のうち、国道六号が通る浪江町から双葉町・大熊町・富岡町には、わき道の入り口にバリケードが張られ、抜けることができなくなっています。福島第一原発が所在する大熊町には、国道沿いにバリケードが張り巡らされた住宅地が数百メートルほど続きます。もちろん人は住めず、ひっそりとした通りに絶句します。富岡町の校舎だけが残ったある学校のそばには桜並木がありますが、静かに咲いているであろう光景がさみしさを物語ります。帰還困難区域にはＪＲすら

通っていません。

このような状況は、現地を訪問しないとなかなか知ることができません。地元新聞社が主催した勉強会や、各種団体が開催する講演等にはできる限り参加し、未曾有の被害を受けた被災地がどのようにして教訓を残そうとしているのか、伝えようとしているのかを知る機会を持つことができました。学校にいた児童のほとんどが津波で命を落とした石巻市立大川小学校の児童の遺族、震災当時避難所の運営にあたった学校の先生をはじめ、被災をした多くの自治体職員や、宮城県・山元町の方の話も聞きました。

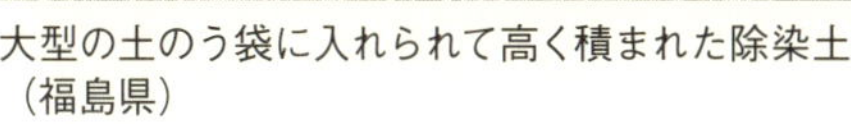
大型の土のう袋に入れられて高く積まれた除染土（福島県）

## 山元町での勤務を終了して

平成三〇年（二〇一八）は、西日本だけでも大阪北部地震や、二〇〇人以上が亡くなった西日本豪雨、関西国際空港等が高潮被害を受けた台風二一号など、多くの災害が発生しました。北海道でも地震が発生し、停電や断水により多くの方が不自由な生活を強いられました。日本に生きている以上、自然災害から逃れることはできません。近い将来、日本に壊滅的な被害を及ぼす可能性のある南海トラフ巨大地震も発生するといわれています。

災害が発生したときにいかにして人命を守るかは、自治体職員として非常に大切な役割です。そのために、これまで災害発生のメカニズムや避難生活等について多少は勉強してきたつもりですが、人が災害に巻き込まれる心理については考えたことがありませんでした。現地でいろいろな方からの話を聞いて、災害を過小評価する「正常性バイアス」の影響が実際はとても大きかったことを知りました。大津波警報にも逃げなかった人が多かったのは、大震災発生二日前に比較的大きな地震が発生し、津波注意報が発令されたものの被害が小さかったことも影響していたとは思います。しかし、思った以上に人間の心理が災害時の行動を大きく左右しているということを東北の地で知り、今後はそちらの方に重点を置いて学んでいこうと考えています。

　この一年間で数えきれないくらいの交流やかけがえのない経験をすることができました。東北で得たことを地元に帰ってからも活かすことが最大の恩返しになると思っています。このような大変貴重な機会を与えてくださった方々に深く感謝しております。

エッセイ

# 新地町に暮らして

川島秀一

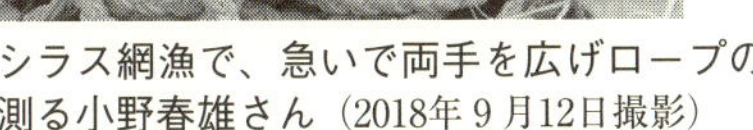

シラス網漁で、急いで両手を広げロープの長さを測る小野春雄さん（2018年９月12日撮影）

## 調査地に住むということ

およそ「民俗学」を志した者なら、「調査地に住む」ということに憧れを抱かない者はいないでしょう。若いころによく通っていた宮城県気仙沼市の小々汐でさえ、自宅から車で一五分の距離でしたが、実際にそこに住まなければ分からないこともあるだろうと信じていました。

文化人類学のフィールドでは、よく海外での長期の滞在調査が行われますが、民俗学の分野では、はなはだ少ないように思われます。しかも、「調査地で生活したならば、逆に研究対象との距離感がとりにくくなり、うまく成果が上げられなくなる」という意見も耳にします。

調査がうまくいこうが失敗に終わろうが、ともかく以前から心に引っかかっていました民俗調査における方法上の疑問に対して、退職後に時間をかけて向き合ってもよいのではないかと思っておりました。

発端は、福島県新地町の漁師・小野春雄さん（昭和二七年生まれ）に出会い、「ここに住んでみないか」というお誘いを受けたことでした。もちろん、その誘いのなかには、後で分かってきたことでしたが、東日本大震災の津波で流され、跡形もなくなった新地町釣師浜の、以前の漁業の生活や震災後の動向を書き残してほしいという、願いもあったようです。

大学でもなく、研究所でもなく、一人の漁師さんに誘われたことに、迷うことなく、春雄さんの自宅近くの町営住宅に移り住むことになりました。

## 船上の民俗学

私はこれまで、主にカツオ一本釣り漁や追い込み漁の漁師さんに出会い、海から海へと渡りあるく集団漁の漁業に関心を寄せてきました。私自身が旅から旅へあるいていましたので、その研究対象である、旅する漁師の思いと重ね合わせてきたような気がします。さらに、カツオ一本釣り漁や、人間が潜って魚を追い込む漁は、見た目にも華やかさがあって、それに惹かれていたことも否定できません。

しかし、日本全国の浜々を見渡すかぎり、目の前の海で一年間、捕獲対象の魚種と漁法を変えながら、その地で生活してきた漁師のほうが、一般的であるはずです。そのような、これまでの研究対象の反省から、対象を少しずらしていきたい思いもありました。

また、民俗調査の反省点は研究対象だけに留まらず、聞き書き中心の調査方法も変えてみようと思いました。春雄さんから、「自分の船の乗子になってみないか」と誘われたのです。「カメラを持って乗船しても構わない」とも言われました。私のできる範囲でお手伝いをしてもらえればよいとのことで、これも二つ返事で承諾しました。

小々汐の調査時代からイカ釣り船やシラス網船に乗せられ、その後はカツオ一本釣りや追込み漁にも乗船しましたが、恒常的に漁船に乗ることは初めてでした。それは、週に一～二回の操業という、福島県の漁業が置かれている「試験操業」という不自然な状況を知ることにもなりました。

## 漁師の朝は暗い

四月に新地に暮らし始めて数日後、春雄さんから携帯電話で「コーヒーを飲みに来ないか」と誘われました。午前五時、外はまだ薄暗かったです。刺網の開始時期のことを尋ねると、「朝のうちに船を出して、明るくなってから打ち始める」と応えられました。漁師にとって「朝」とは闇であることを知ったわけです。

春雄さんは、操業日には未明に軽トラックで私を迎えにきて助手席に乗せると、日課のように、私の手の平に冷えたトマトジュースの缶と固形のチューインガムを三個のせてくれます。これがまた目を覚ますには、効果がありました。「最初は見ているだけでいいから」と言われましたが、見ているだけだと、睡魔との闘いに苦労します。船酔いはしませんが、操業当日の時差ボケのような一日は、慣れるしかないと観念しました。

春雄さんに漁協から買ってもらったカッパの下には、水に濡れてもインクが消えないメモ用紙を胸ポケットに入れておき、記録をしたいときに取り出してメモをとります。春雄さんに、「一番面白いと思う漁は何ですか」と尋ねると、「刺網だ」と応えられました。「刺網にはいろいろな魚がかかり、その意外性が楽しい」と語ります。

コウナゴ漁の網にも、様々な魚が中網というところに入りますが、網に入る魚種の変化から季節の移ろいを感じることができます。しかし、「試験操業」は混獲（いろいろな魚を捕ること）を許しません。コウナゴ漁であったらコウナゴしか捕ってはならず、海に放流するという規約でした。

現在、東京電力では、福島県の漁業者全員に対して、過去五年間の水揚げ記録から最高の年と最低の年を取り除いた三カ年の平均の約八割を賠償する「休業賠償」を支払っています。「試験操業」に関わる漁業者に対しても、同じ計算方法で、名前だけが「営業賠償」に切り替わりますが、漁船や漁具を調達して燃料を使う操業はコストを生じ、漁に出ない休業賠償の方が営業賠償よりも手元に残る金額は大きいこともあります。

それでも、損得抜きで海に向かう漁師さんは、どのような思いを宿しているのでしょうか。私が新地に移り住んで、漁師さんと共に生活することを決めた第一の理由でした。

## 手ざわりの民俗学

これまでの民俗学の主なる方法である聞き書き調査からは得られない、船上の生活はさまざまです。第一は漁師の「体感」のようなもの、そして次には手ざわりであるかと思われます。

そのことを感じたのは、刺網に引っかかってくる無用な物で、漁師さんたちが「パン」と呼んでいるものがあります。カメラで写しておき、後で水産試験所にプリント写真を持って行って聞いてみましたら、何のことはない「海綿」のことでした。

この海綿は網から外しにくいので、カレイなどをはずした後に、網をたたんで湯の中に浸しておきます。私はてっきり網を洗っているのかと思っていましたら、その熱で海綿が死に、網からはずしやすくするためでした。軍手を片手にだけはめて、「パン」を網からはずす手伝いをしているうち、なるほど、この温かい感触と色・形は、確かに「パン」だなと思いました。

漁業の研究者も報道者も、これまでは、ただ一つの魚と、捕る瞬間だけを重んじてきました。しかし、それ以外の売り物にならない生物のこと、それを網からはずす長い時間や、水揚げ後の競りのことなど、その全体を捉えての「漁業」であると思えてきました。

また、夏はシラスの「カケマワリ漁」を体験しました。シラスは網を投入するごとに、海底の根の方へ逃げていくので、そのつど、フーセン（浮きのこと）と網とを結ぶロープの長さを変えていきます。春雄さんの息子である船長が、魚群探知機でシラスを発見しますと、そのつど何タナと数字を甲板に伝えます。一タナは一ヒロ（一・五メートル）のことで、両手を伸ばした長さが一ヒロです。春雄さんは、次の網入れのため、ロープを持って敏速に両手を広げてタナ数をかぞえました。船上では、抽象的なメートル法より、身体で早く数えることができるヒロの単位が生きていることが分かりました。

## ユイコと迎え火

新地の釣師浜や大戸浜は、総じてユイコと呼ばれる共同作業が残っております。港での魚の水揚げが終わったとき、もし隣の船が水揚げ作業中であったら、



あたり前のように、その水揚げを手伝います。このようなユイコの慣行などがあったがために、震災からの漁業の復興が早かったし、震災前の四二隻の船がほとんど戻ってきました。

また、福島県の漁業は試験操業中ですから、魚を自由に捕ることができない上に、自由に売ることもできません。しかし、親戚や友人たちに魚を配り、そのお礼に農家からは野菜が届くことがあります。終戦後にも、魚を売りにいくと、現金のなかった農家では米と交換してくれたそうです。そのような物々交換の慣習も、震災後に濃厚になりました。その集落が震災以前から培ってきた社会慣例が復興の支えになったわけで、震災後、被災地に突然と現れたＮＰＯや都市工学者たちだけが必ずしも役立っているわけではありません。

釣師浜からの主な移転集落は雁小屋というところですが、そこでは、新地の町内と相違して、盆の迎え火を入念に行なっていました。新しい移転集落の道路にそって輝く迎え火は、すがすがしいものでした。

ユイコも盆行事も震災前からの習俗です。社会学者が被災地に来て「コミュニティの崩壊」などと述べて嘆いていますが、それらのアンケート調査だけの抽象的な感傷を吹き飛ばしてしまうほどの力強い現実が新地にはあり、私は今、そこで暮らしております。

エッセイ

# 復興と郷土教育資料

大野眞男

『下閉伊郡田老村郷土教育資料』所収
『田老村津波誌』表紙

## 郷土教育運動と岩手県

関東大震災による首都被災に始まり、日本の農山漁村経済にも壊滅的打撃を与えた世界大恐慌、引き続く冷害による大凶作と飢餓、そして昭和八年（一九三三）には大震災に伴う昭和三陸大津波のために、岩手の地も極限まで疲弊した状況に置かれていました。

そのような困難な状況にあって郷土教育運動が全国的に始められましたが、その全容はあまり知られていません。郷土教育運動の実質的な中心人物である小田内通敏は、新渡戸稲造と柳田国男によって明治四三年（一九一〇）に創設された「郷土会」のメンバーでもありました。小田内が昭和五年（一九三〇）に文部省嘱託となって、尾高豊作らと郷土教育連盟を創立したことにより、文部省が郷土研究を提唱し、師範学校・小学校を中心とした全国各地の教育会で郷土教育運動が展開されていきました。

岩手県では、昭和一〇年（一九三五）前後に方言資料集が、そして昭和一五年（一九四〇）には、地理・行政・産業・経済・教育・芸能・風俗習慣などにわたる総合的な報告がまとめられました。昭和一一年（一九三六）一月、岩手県及び岩手県教育会の主催により盛岡市杜陵尋常小学校で開催された第一回郷土教育講習会の要項の冒頭には、開催趣旨として以下の文章が見られます。

> 本県ハ近年天災人禍相次テ頻出シ為ニ県民ノ生活ニ絶大ナル脅威ヲ与ヘ将ニ生死ノ岐路ニ立ツニ至ル、然ルニ今ヤ学県一致自奮自励更生ノ意気漲ル、而シテ此機運ヲ助長シ更ニ地方自治団体ノ振興施設ノ実行持続ヲ図ルハソノ根啇教育ニアリ、郷土教育ノ要望セラルル所以蓋シ茲ニ存ス、

「天災人禍相次テ頻出シ」とは、まさに大津波と世界大恐慌を指しており、未曾有の災禍から立ち上がろうとする気概が郷土教育運動に込められていたことが切々と伝わってきます。

岩手全県下の小学校において訓導（小学校の先生）たちが郷土教育資料の作成に当たりましたが、昭和八年の大津波の沿岸被災地では、学校教育の郷土教育運動と被災からのインフラ復興事業が、まさしく車の両輪のような関係で進められていたことになります。

## 『下閉伊郡田老村郷土教育資料』の作成

当時、激甚な津波被災地の一つであった下閉伊郡田老村（今の宮古市）でも、一連の郷土教育資料がつくられました。田老尋常高等小学校の訓導たちによって手書きや謄写版刷りでつくられた報告は、今でも岩手県立図書館で大切に保管されています。田老は「津波太郎」と異名をとるほど津波災害に果敢に立ち向かう土地柄として昔から知られていました。被災地の郷土教育資料の一例として、田老のケースをひもといてみましょう。

まず昭和一〇年には、『吾ガ村ニ於ケル方言・訛語ニツイテ』という十数葉の手書きの方言集がまとめられただけですが、昭和一五年になると、膨大な郷土調査報告集『下閉伊郡田老村郷土教育資料』が謄写版刷りで作成されました。冒頭の「発刊の辞」の一節には、

> 今や古き国柄の上に新しき日本が建設せられつゝあると同様に、津浪の惨害にも屈せざる田老魂が烈々たる気息（いぶき）をなしつつ、新しき田老村の建設の途上にあるのであります。そしてこの新しき時代の新しき村の建設は今日のみならず未来までもなされつゝ行くことと信じます。（中略）吾らのなす郷土調査はそれが如何に小さき仕事であるにせよ、田老自身を知るには世界史をひもどく（ママ）よりは大なるものがあるのであります。吾らは郷土を研究することによって始めて新しき郷土の建設さる可き伸展し行く可き方向を知ることが出来るのであります。自らを顧みて力強く踏み出せ！

と、たいへん高い調子で復興に際しての郷土教育の必要性が謳われています。郷土教育資料は、上下二巻に

分けて製本されており、「発刊の辞」末尾の目次によると、上巻には地理部・行政部・沿革部・産業部・経済部・教育部・兵事部・保健衛生部が、下巻には警察警備部・神社仏閣部・名所旧跡部・郷土芸術部・風俗習慣部・博物部・津浪誌及復興誌・人物伝記及口碑伝説・郷土教育実施案が収められ、総ページは優に四〇〇ページを越える分量になっています。

その中で、人物伝記の項には、「昭和十一年一月廿八日・胸像完成記念『関口松太郎翁小伝』」という活字印刷されたパンフレットが綴じこまれています。また、津浪誌及復興誌の項でも、「昭和九年三月三日・一回忌紀念『田老村津浪誌』田老高等尋常小学校編」という活字印刷された一〇〇ページ以上もの冊子が綴じこまれています。

関口松太郎は、五期一六年にわたり宮古町長を勤めた後、大正一四年（一九二五）から初代の田老村長として村政を担った人物です。昭和八年の津波の惨状を村長として目の当たりにして、未来の田老の安全な暮らしのために、貧しい財政状況にもかかわらず、県や国にも粘り強く働きかけて、あの長大な防浪提（防潮堤）建設を断行した傑出の政治家で、今でも敬愛されています。

憶　自治発展　関口圭山（関口松太郎㊞）

## 『田老村津浪誌』の発行と復興

『田老村津浪誌』は、被災からわずか一年後に作成されています。序文には、明治の大津波から四〇年後、再びの惨状に触れて、

四十年村民努力の跡、同胞九百拾壱名の生霊と共に、一挙にして掃蕩し去らる、仰げば山容依然としてあり、前は只水縹渺として存するのみ。語（論語）に曰く「越鳥巣南枝」幾度災害をうくるも郷土は我が祖先の眠る処、我が揺籃の地、いかにしてもこの災厄を減滅し、子孫末代のために、善き郷土として承伝すべきなり。今や村長殿はじめ、挙村この議に参し、市街の移転に、防潮堤の設定に、渾身の努力、着々功を収め、近くその目的の達成を見んとす、有難しとや言はん、貴しとや言はん。

校長　佐々木弘平

と、津波の悲惨さのみならず、直ちに始まった復興の進展が力強く宣言されています。

本文第一編は田老村沿革誌、津浪直前の村勢、第二編は地震と津浪、避難状況、被害、慰問と救護、復旧・復興、第三編は津浪の学的調査、地震津浪の心得が、それぞれ章立てされています。地震津浪の心得の項に、「四、緩慢な長い大揺れの地震があつたら津浪のおそれがあるから少くも一時間は辛棒(ママ)して気をつけよ。(海岸の人は)①家財に目をくれず身一つでのがれよ。②直ぐに高い所、安全な所に避難せよ。(下略)」とあるのは教訓として重要です。付録として、挿話・児童文、学校記事が添えられており、被災時の自らの体験を綴った児童の作文には胸を打たれます。

## 田老第一中学校の「関口松太郎物語」上演

その田老が平成二三年(二〇一一)に、明治以降数えて三度目の大津波に見舞われました。波は万里の長城と呼ばれた二重の防浪提を越えて街をのみこみ、昭和八年の災禍が繰り返されました。人々は高台の赤沼山を目指し、年寄りや幼児は田老第一中学校の生徒たちに背負われたりしながら、安全な場所まで避難しました。それでも二〇〇名近い死者・行方不明者が出てしまいました。



その後の復興は、さらに高い防潮提の復旧、住宅の高台移転などと急ピッチで進められています。被災前の店舗も少しずつ街の中心部に戻ってきて、被災時の景観も大きく変わろうとしています。そして、被災からすでに八年が経とうとしている現在、震災の記憶が薄れることで防災意識が失せてしまうことを危惧する人たちも少なくありません。

田老第一中学校では、平成二五年(二〇一三)四月に震災資料室(ボイジャー)を開設し、震災当時のニュースや生徒たちの体験作文集を展示するなどして、子どもたちの防災意識を喚起する教育を行っています。また、秋の文化祭では、津波防災に果敢に立ち向かった先人を忘れないために、「関口松太郎物語」三部作の生徒会企画劇をこの数年間にわたり上演しました。

三部作ですので、上演には三年かかります。第一部は、昭和八年の津波襲来の後で、子孫が惨禍を免れるようにと、防浪提建設を決意する関口村長と田老の人々。第二部は、関口村長の必死の願いが実って国や県の補助金が下り、さあこれからというときに村長が斃れ、戦争に突入していく。戦後、中断した建設工事は苦難の末に再開され、防浪提完成に沸く昭和四一年(一九六六)の田老。昔の方言も混じえて中学生が演じました。

そして第三部は、津波のことを忘れかけていた未来の子どもたちが、タイムマシンで現代に戻ってきて、中学校で行われる被災を語り伝える会を体験していくというストーリーです。平成二三年三月、水も食べ物もない避難所の様子、凍える寒さの中で熱い炊き出しがありがたかったこと、被災当時の様々な場面がそこでは語り継がれます。そして子どもたちはまた未来に戻っていって、ふるさとの街を支えていくことを決意します。最後のセリフは、「向き合おう、私たちの故郷！」。『下閉伊郡田老村郷土教育資料』発刊の辞とまさに同じメッセージとなっています。真に復興を支えるものは、ふるさとへの熱い思いに違いありません。

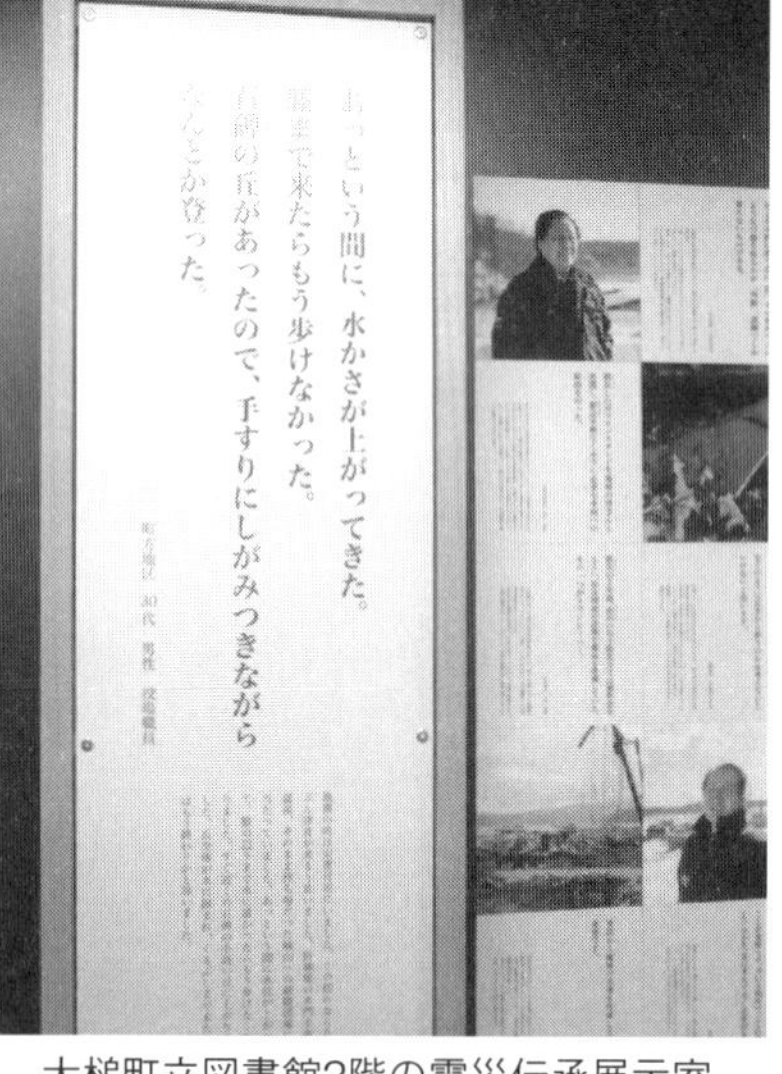

大槌町立図書館2階の震災伝承展示室
（石井正己撮影）

エッセイ

# 復興を支える図書館活動

高橋隆一郎



東日本大震災から七年以上が経ちましたが、震災の被災地の状況は復興には程遠いというのが実際のところだと思います。そのような状況の中、被災地域で暮らす人々にとって「復興」とは何か、この状況で図書館にできることは何か、そのことを考えるためのきっかけなどを図書館に身を置くものの一人として記したいと思います。

## 平時に図書館で行われていること

一冊の本あるいは雑誌、映像や音楽を収めた一本のDVDなど、これらを「資料」とまとめて呼ぶことにします。これらと出会うことにより、生きる力を得られたということが読者の皆様にもおありではないでしょうか。平時、図書館では、①利用者が必要とする資料の収集・収蔵・修理・保存、②利用者への資料の提供、③利用者の資料探しへの援助、④資料提供のための他館との連携、これらのことを通じて、利用者と必要とされる資料とを結びつけ、利用者の生活の質の向上に資することを目指しています。

## 被災

二〇一一年三月一一日に発生した東日本大震災によ

り、皆様もご存知のように、青森から千葉までの各地に、特に岩手・宮城・福島の三県に甚大な被害がもたらされました。このことは図書館にとっても例外ではありません。津波に襲われた図書館の中には、岩手県陸前高田市立図書館のように、壊滅（多くの職員の死亡、多くの資料の流出、施設の破壊）したところもありました。

津波災害に合わせ、原子力災害にも見舞われたのが福島県の図書館です。その時、富岡町図書館や大熊町図書館等では、地域が避難区域に入ったことや被ばくの問題が発生したことのため、休館に追い込まれました。

被災状況の詳細は『図書館年鑑２０１２』（日本図書館協会）をご参照いただきたいと思います。

## 被災図書館への支援

通信・交通などのインフラの被災により、前述のような東北地方の太平洋岸地域図書館の被害情報がわかるのには時間がかかりました。被災状況が明らかになったのち、図書館に関わる国内外の様々な団体・個人（国立国会図書館や東京都立中央図書館などの図書館、日本図書館協会など図書館関係者の団体、ボランティア団体など）による支援活動が始まりました。

例えば、日本図書館協会では東日本大震災対策委員会を結成して実際の支援活動に取り組むほか、著作権団体に対して被災地域への公衆送信権の制限の時限的制限の要請などが行われました。支援には多くの方々が携わり、制度面・サービス面での支援、被災資料の修復、施設面・装備面での助力など、様々な面での支援が行われました。海外の図書館・出版関係者からも、電子資料アクセス無料化などの支援がありました。

## 図書館の復興

時がたち、被災した図書館の中からも再開館の動きが出てきました。

例えば、津波災害で壊滅した陸前高田市立図書館が二〇一七年に、宮城の気仙沼図書館が二〇一八年に、福島の富岡町図書館が二〇一八年に再開館しました。津波被災で落命された司書の方の思いを受け継いで再開した図書館での取り組みに関わる方々もいらっしゃいます。再開館後の図書館では、子どもたちへのお話し会などそれぞれの取り組みがなされています。復興には市民の支え、職員の奮闘があって、震災で不安な日々を過ごす市民に対して図書館を早急に再開すべきだとの判断などがありました。

ただ、図書館が再開館したからと言って、被災した図書館やコミュニティーの復興という物語はまだ終わってはおらず、それぞれの場所で続いています。だとすると、図書館にとって大切なものは何でしょうか。

## 地域復興のための「図書館の力」

まず第一に記したいことは、震災発生当時に図書館関係者から行われた問題提起です。危機的状況のもと生活基盤が崩れ、保健・医療・福祉・教育・環境・経済など多方面で問題が起こった時、資料や情報に事欠いている人々に対して、それらを届けるという図書館の使命を発揮させることが重要なのだということ、言葉を換えれば災害による被害からの社会的・精神的な回復において、図書館は資料・情報提供の観点から重要な役割を果たし得るということ、さらに言葉を換えれば、図書館が、コミュニティーの人々が生きる支援のために必要な場所になっていく必要があるということが当時図書館関係者から指摘されていました。

私自身もこのことはとても大切なことだと思います。震災に出会った図書館でも、出来る限りのサービスを利用者に提供し続けました。被災地にいる縁者と連絡が取れないとの相談を寄せた利用者に、新聞に掲載されていた相談窓口の電話を紹介したり、Googleが提供する安否情報提供システム「Google Person Finder」を提示したりするケースもありました。「災害時のメンタルヘルスに関する情報」を提供した図書館もありました。

それは、国立国会図書館が中心となって、レファレンス事例の蓄積等のために構築する「レファレンス協同データベース」からも状況の一端が垣間見えることと思います。利用者の「知りたい・読みたい」の想いに図書館として応え続けていくことにより、利用者を、そしてコミュニティーを支えていくことが可能となるのだと思います。

続いて第二に記すべきは、図書館がこの役割を発揮するためには、被災者である市民・利用者との対話がますます重要となるということです。市民・利用者の「読みたい」の気持ちを支える取り組みの重要性ということです。支援者の中からは、「［利用者と］おしゃべりするうちに、市役所や福祉関係施設を紹介するような、生活にかかわる相談につながることもあるという」などが聞かれました。

筆者の身の回りでも、例えば、利用者から「難病と闘っているのだけれど、力になる資料や情報が欲しい」とか、「家族がガンの恐れがある……」とか、「死産になってしまった」とか、「大切な人に死なれてしまった」などと打ち明けられることがあります。それを話す相手に図書館司書を選んでくださったことは、とてもすごいことだったのだと思いますが、それは「対話」があったからこそなのだと思います。私たちには、人々に対してアンテナを張り、必要な資料を集めるために情報源にもアンテナを張り、資料や情報を提供していくことが求められているのだと思います。

第三は、地域の記録を残すことです。今後震災に直面した時の参考にするために、東日本大震災で何が起こったのかの「記録」と、人々が生きていく力となる「地域資料」を図書館で収集・保存することが不可欠なのだと思います。「国立国会図書館東日本大震災アーカイブ　ひなぎく」や被災地各地の県立図書館の震災情報アーカイブが活動を続けています。神戸大学附属図書館の震災文庫など他の災害資料アーカイブや防災専門図書館の取り組みも特筆すべきです。

第四は、海外にも目を向けることです。女性の震災被災経験に関わる資料の収集などについての発表が二〇一八年の国際図書館連盟大会で行われましたが、海外の図書館関係者の経験にも耳を傾け、こちらからも発信をしていくことが重要になるのだと思います。

今後も私たちは災害に向き合い続けていかなければならないこと、一度被災すると復興までの道のりはとても長いものになることも心に留めておく必要がありましょう。図書館の復興がサービスのためのフレームワークや機能を取り戻すことだとすれば、被災地の図書館の関係者は一歩一歩、持ち場で出来るだけのことをし、利用者に応えることが重要になりましょう。被災地以外の図書館の関係者は被災地の図書館に思いをはせ、出来ることをすることが重要ですし、そして日本全体の図書館のフレームワークに関わる関係者は、それぞれの図書館の活動にプラスに働くような取り組みをすることが重要です。それぞれの場所で今直面し、これから直面する課題に向き合い、解決して一歩一歩進んでいく過程で復興が見え、さらに、コミュニティーの復興に向かうための「図書館の力」が発揮される場面になっていくのだと考えています。

### 参考文献・サイト

（サイトの確認日付は二〇一九年一月一〇日）


・「岩手県立図書館東日本大震災情報ポータル」http://www.library.pref.iwate.jp/0311jisin/index.html
・「国立国会図書館東日本大震災アーカイブ　ひなぎく」http://kn.ndl.go.jp/
・「震災文庫」（神戸大学附属図書館）http://www.lib.kobe-u.ac.jp/eqb/

・「東日本大震災アーカイブ宮城」https://kioku.library.pref.miyagi.jp/
・「東日本大震災復興ライブラリー」（福島県立図書館）https://www.library.fks.ed.jp/ippan/fukkolib/fukkolib.html
・「レファレンス協同データベース」https://crd.ndl.go.jp/reference/
・Collection Development on Women's Earthquake Disaster Experiences and Support Activities in Japan /Reiko AOKI. - IFLA WLIC 2018 http://library.ifla.org/id/eprint/2340
・高橋隆一郎・矢崎省三「図書館の復興とは、そして被災地域の復興における図書館の役割とは」『共生と修復』（5）、二〇一八年一〇月、一一～一六頁
・長谷川敬子「現職の図書館員全員が亡くなり、再建に奔走」渋井［他］著『復興なんてしてません』第三書館、二〇一五年、七八～九三頁。
・『図書館年鑑２０１２』日本図書館協会、二〇一二年

エッセイ

# 海辺のしなやかな復興

## ～日常・異界・対話と賑わい～

長嶋俊介

奥尻島青苗岬の集落跡地に建てられた追悼・復興施設「時空翔」



### 海辺の日常を取り戻す

島は四囲を水で囲繞された空間。小さな島ほど海辺に日常がある。大きな島、例えば本州の海辺で見れば、そこは内陸と海洋の交差点。渚に近づくほど、海と関わる日常と意識が濃くなる。「日常」を問題にするのは、そこに復興の原点があるからです。復興は復旧ではなく、常を異にした新しい日常の、質的な充実に、目途（もくと）があります。

英語のライフ（生）は、坂本慶一が指摘するように、人生・生命・暮らしの複合体を指します。人間存在をライフに則して順次、精神的・文化的存在、生理的・生殖的存在、経済的・社会的存在の複合体として捉え直すことも出来ます。その海辺での、復興の取組みで何が欠けても、十分条件にはならない。他分野は別にして、ここでは精神的・文化的存在としての復興を取り上げます。人生と深く関わる精神・文化とは、人間が人間たる内容と深く関わります。米山俊直はヒトーココロ、ヒトーコト、ヒトーモノ（カネ）、ヒトーヒトの相互作用が一体となって、生活を巡るシステムが構成されるとしました。これに自然との相互作用も加えると、質的充実の十分条件と、その底上げの構図、即ちしなやかな復興への道筋と方法も見えてきます。

## 海辺の精神世界と文化事象

人生との関わりは、個人史的な生から死に至る経緯のみならず、死を見据えた生き方・考え方・思想・宗教、次世代への託し方［説話・遺言・聞き語り］、自分が自分であるアイデンティティ保持［地域愛・家族愛・自分らしさ］と自己実現［芸能・文芸・自己表現］の在り様でもあります。傍線で示したものが、今回の主題です。

海辺に関して何があるのか。海辺は異界（山側・海側）との接点です。特に海側は渡来文物が流れ着くところでもあります。その交差点には民話や伝説が多く残っています。山側は霊魂の送り先になり、神々も降り立ちます。河川を下って恵みが訪れ、海の幸への感謝と祈りもあります。津波被害では、恐怖を乗り越えた、暮らしの在り方も復興課題です。

## 小さなシマの精神世界＝防災力

沖縄や奄美には、浜から頂に貫く真っ直ぐな神の道があるシマがあります。シマとは水系を一にする最小コミュニティ単位をなす集落のことです。シマ行事は、老若男女の全メンバーが関わることで、団結力と相互支援力を高めます。生物界ではアイランド・コンプレックスという現象があります。陸から遠く離れた孤島では進化が進みやすく希少種が多いが、種の多様性は少ない。しかし外圧や異種侵入には弱い。その脆弱性への備えの必要性は人間界でも同様です。防災文化・技術が孤島で根強い理由にもなります。対馬保存食せん（サツマイモを発酵させたデンプン。数年間保存でき、せんだんごやソバ状六兵衛の材料となる）と石屋根倉庫はその典型です。集落を囲んだ三宅島割れ目噴火では死者ゼロの奇跡を、一致した行動で実現しました。奄美豪雨でも、自主防災組織が独力で人命救助をし、井戸水から給水・配達たりしてライフライン危機を救いました。その結束力は、文化保持力にも現れます。五島・生月（いきつき）・平戸・天草・西彼杵（にしそのぎ）半島等の潜伏キリシタン文化はその典型です。バチカンで消失した古グレコリー聖歌音階すら継承されました。

## 渡来神・渡来文化のもたらす精神世界

海辺は大洋に路が開け、来訪も常にあります。世界最強の黒潮は北上分流となり、三陸に達します。また青潮（対馬暖流の別称）から津軽暖流となり、太平洋側にも恵みを届けます。来訪神吉浜スネカと男鹿ナマハゲは不思議な一致を見ますが、黒潮を逆流した甑島トシドンとも通底した、大晦日・新年行事「仮面神による子どもの躾」が展開されます。神は天から降り集落丘上から年中子どもを見守っているのです。仮面神は薩摩硫黄島メンドン・悪石島ボゼ・宮古島バーンドンとも繋がる祝福神です。佐渡鬼太鼓や輪島御陣所太鼓や能登鬼刀鍛冶民話も、門付け・厄払い・技能者として、尊ばれる鬼存在です。沿海州リマン寒流で朝鮮半島南下、そこから青潮分流に乗ると、能登・佐渡・男鹿に容易に辿り着きます。渤海使もかつてはそのルートで往来しました。五穀渡来神話も沖縄では久高島経由です。神世界ニライカナイへの聞得大君の祈りも崖上の斎場御嶽から久高に向かってなされます。

## 佐渡の民話と発信力

民話の里は各所にあり、地域おこしにも役立っています。佐渡歴史伝説館では鶴女房（木下順二「夕鶴」）や安寿・厨子王（森鷗外「山椒大夫」）の話などが短く見聞できますが、北海岸北片辺・南海岸赤泊では語り部からも聞けます。安寿祭り（安寿塚）・安寿民宿や、母の目を癒やした清水もあります。佐渡情話は越佐海峡をたらい舟で毎夜渡る恋心を抱く女性の話ですが、時々たらい舟乙女リレーでの渡海が試みられます。手にまめが出来ずに完走しています。米渡来の碑も佐渡南岸にあり、主人公の男女碑もたっています。「朱鷺のたまご」などの新作ものも相次いでいます。好きだから続ける人たちの多さは、大きな島だからと言うよりは、それを聞いてくれる場所や風土が特定集落には色濃く継承されているからだと思われます。コンテストさえ実施しています。なお拉致事件曽我ひとみさんの夫、故ジェンキンスさんも上記伝説館で働いていました。日本海は狭い内海なのです。

## 津波石と導き地蔵と発声の力

吉浜教えの里プロジェクト『吉浜のつなみ石』は、昭和津波石が平成津波後に再発掘された話を題材に絵本化・教材化したものです。過去の被災から学び、集落移転し、行方不明者一名の被害に留まった「奇跡の集落」の教訓も学べます。気仙沼大島『みちびき地蔵』は、亡くなる前日に魂が地蔵の前に現れ、死者は極楽浄土へ導かれるとの伝承を、福井光が作品化して、震災で喪失した六地蔵を再建しました。津波被害碑も多様ですが、津波到達地点に立ち、教訓と悲しみと防災の覚悟を学ぶ場所にもなっています。

一九九三年七月、北海道南西沖地震で奥尻では島人口の四パーセント、一九八八人が亡くなりました。二五人に一人ですので、島中の人が当事者です。悲しみを語る相手がいません。その時、保健師やボランティアの聞き手が果たした役割が注目されました。ＰＴＳＤ（心的外傷後ストレス障害）は、その後の阪神淡路大震災でも懸念されましたが、奥尻からの支援部隊による聞き取りの役割も大きく功を奏しました。語ること聞いてもらうことの大切さがここにもあります。歌うことも心を晴らします。網地島長渡浜の小野寺たつえさんは、プロの演歌歌手で、海女（年一五〜二〇日）と消防団活動も続けています。震災後も石巻市内や東松島（同行して活動を拝見しました）などで歌謡教室を開き、仮設生活の人々を元気づけてきました。年配生徒達の打ち解けた笑顔が忘れられません。

## 奥尻での詩の朗読

話を奥尻に戻します。島出身詩人麻生直子は、九六年詩集『奥尻島　断章』（潮流出版社）、九九年『奥尻　駆けぬける夏』（北海道新聞社）を発表しました。九八年序幕の追悼慰霊碑「時空翔」には、死亡者名と被災一五日後慰問訪問した両陛下の御歌に加えて、麻生の二七行詩「憶えていてください」が刻まれています。黒御影石石碑くぼみは、震源地である南西沖に向かい、震災当日の七月一二日正面に立てば、くぼみの中へ沈む夕日が見られます。未来の奥尻を想う大切な場でもあります。五周年追悼コンサートでは青苗小・中学生が麻生直子作詞「岬の誓い」を合唱しました。二〇周年式典では自らが詩の朗読をしています。その翌々年一五年九月には日本島嶼学会奥尻大会にも出席してくれました。長時間共に過ごし、懇親会では詩の朗読も賜りました。「海辺のレコード」九六年と「よみがえる故郷・奥尻島」九七年。ゆったり丁寧な発声で「津波に遭った島の岬で　壊れたレコードを拾った」で始まる二四行詩は「初雪がきて　荒海の潮騒が　わたしの夜に満ちてくると　生の証のような……さまざまな摩擦傷が　涙を滲ませる」で終わる。地震前の日常と夕景が一言ごとに浮かび上がってくる。被災二〇年前狭い路地裏での子ども達の声のこだまも記憶にあった。被災後毎年通い、心の傷で親戚のいた海岸とその方向を通れない方からも直接話を聞いていた。であるのに、詩は客観光景であった。その詩が豹変した。当事者性のある、真摯で卓越した生活描写力が、肉声となってやさしく襲ってきた。司会をしていたわたしのこころに感傷の嵐が巻き起こり、声が詰まって、司会すべき二の句が出ない。当事者から第三者への寄り添いでもあります。

## 多様な賑わいと復興

精神的・文化的存在たる人間・地域・生活の復興を目指すには、多種多様な展開があります。被災者が関わった文芸・芸能・美学・音楽・映像表現や、祭りや行事も賑わいの起点になります。教え・学びや祈りもそれらを支えます。真摯な語りに潜む魅力もその中核にあります。口を開くこと、聞くことでの心開きは自認と関係を築きます。言葉は人なり。ヒトは言葉により、さらに強く活かされます。人間発達の位階制（関係欲求→承認欲求→成長動機＝自己実現欲求）にも導かれるとすれば、一見地味で、遠回りのようでも、総合的復興の中核的テーマとしての再認識・新展開が強く求められます。

### 参考文献


・麻生直子『奥尻島断章』潮流出版社、一九九六年
・麻生直子編『奥尻駆け抜ける夏』北海道新聞社、一九九九年
・坂本慶一『人間にとって農業とは何か』学陽書房、一九八九年
・福井光画、渡邉眞紀民話編著『みちびき地蔵』気仙沼大島観光協会、二〇一一年
・吉浜教えの里プロジェクト企画制作『吉浜のつなみ石』イー・ピックス、二〇一五年
・米山俊直「ひと-こころ体系考」『生活学　第Ⅸ冊』ドメス出版、一九八〇年

# やまもと民話の会のあゆみ

**平成10年**（1998）

○5月、やまもと民話の会結成（16名）。

結成までの経過

山元町歴史民俗資料館第28回企画展（平成9年3月4日～5月25日）の「むかしむかし、ざっと昔―ふるさとの民話―」開催にあたり、平成7年度より準備に入る。小野和子氏（2回）、吉岡一男氏他の講師をお招きしての研修が数回あり受講する。そして、実施計画内容等の話し合いがもたれ、仕事の分担が決められ、企画展に協力する。この時の協力者で会を立ち上げた。

**平成11年**（1999）

○「聞きさござい ん―いろりの語り」を毎月第3土曜日の午後開催。現在も継続中。

○民話の出前始める。学校、保育所、地域老人施設等に出向いて語る。現在も継続中。

○他町村の民話の会との交流。柴田民話の会（14名）来町交流。名取市民話の会、多賀城民話の会訪問等。

**平成13年**（2001）

○阿武急「昔ばなしめぐり」梁川～角田駅間での民話語りに参加。平成16年まで続く。

○『旭さんの昔がたり』（会員・伊藤旭さんの語りを記録、25話）編集・発行。

○「やまもと民話マップ」の作成。

※みやぎ民話の会開催の「民話の学校」に参加（第4回～第8回）。「伝承の語り」をたっぷり聞かせてもらい、小野和子氏の講演があり、参加者の交流の場があり、勉強の場をいただいた。

**平成14年**（2002）

○地元の「昔、くらし、民話」を開く。花釜区、岩佐とし氏、田所林四郎氏方を訪ねる。

**平成15年**（2003）

○丸森ざっと昔の会との交流始まる（第1回、笠野学堂にて）。

○新地町観海堂の語りを聞くに参加する。

○歴史研究会、歴史資料館友の会との合同研修。

**平成17年**（２００５）

○天童民話の会来町し交流。

**平成19年**（２００７）

○山元町文化協会に加盟。以来、文化祭に出演。

○トライアングルの会発足。丸森ざっと昔の会、新地語ってみっ会、やまもと民話の会の合同研修会を年1回、持ち回りで行う。現在も続く。

**平成20年**（２００８）

○荒保春翁を囲む会、平成14年発刊の『荒保春の昔ばなし―伊達最南端に語りつぐ―』（庄司アイ・佐佐木邦子編著、１００話）の解説等を聞く。

○若柳民話の会の語り舞台を見せてもらう。

**平成23年**（２０１１）

○3月11日、東日本大震災、山元町の60パーセントが津波浸水。会員の1人が津波の犠牲になり、家族を亡くしたり、4名が家屋流出したりする等の被災。5月27日、休んでいた会員に連絡が取れ、全員が集う。お互いの震災体験を語る。語りつぐことの大切さを確認。震災の実態を記録する。

○りんごラジオ（震災後すぐに立ち上げた災害ＦＭラジオ）に出演協力。被災体験だけでなく、民話語りの要請で出演続く。

○8月、『語りつぐ巨大津波　第1集』発行。

○12月、『語りつぐ巨大津波　第2集』発行。

**平成24年**（２０１２）

○4月、『語りつぐ巨大津波　第3集』発行。3冊の証言集は、要請のあった全国の図書館等に贈る。

○交流、支援等で来町、お励ましいただく。東京ライオンズクラブ、二華会東京支部、西洋子歴史講座サークル、太巻祭り寿司、龍崎英子サークル、以上、現在も交流続く。若柳民話の会他、多数の皆様のお支えをいただいた。

○9月、『語りつぐ巨大津波』贈呈のつどい開催。実行委員会設立、委員長・岩佐年明氏（花釜区）を中心に、数回に及ぶ実行委員会を持つ。証言者（63名）より、証言集売り上げの利益（冊子と金一封）を山元町長に手渡す。約１００名が集う。経過報告、意見交換、懇親と会食等盛会に終了。

○10月、奥会津へ移動研修（2泊）。災害、只見川周辺に学ぶ。

**平成25年**（２０１３）

○夕鶴の里、南陽市へ（文化協会主催に協力）。南陽民話の会との交流。
○山元町内遺跡巡り。流出した浜通りの遺跡の確認と、残った山通りの文化財を大事に守ろうの確認。
○証言集（3冊）、小学館より全集版として発行。
○浅生原の昔を聞く会（寺嶋重子さん宅にて）。阿部久氏、岩佐一男氏のお話を聞く。
○遠野一泊研修、いろり火の会代表工藤さのみ氏のご案内にて遠野民話めぐり。夕食後いろり火の会の方々と交流、遠野の民話を聞く。

**平成26年**（2014）
○若柳文化会館での民話語りの発表会に招待される。
○みやぎ民話の学校（第8回、丸森町での開催）に参加、出演協力。
○戸花慈母観音建立と開眼法要（徳本寺住職さんによる）。約100名の参加により、いも煮等地域の協力をいただく。
○高瀬区の昔を聞く会（高瀬区農村集落多目的センターにて）。寺嶋要治氏のお話を聞く。

**平成27年**（2015）
○4月、深山「鎮魂の鐘」に協力。
○七薬師巡り開催。上記の寺嶋要治氏が、子どもの頃大人の方達にまじって参拝した足取りに従う。町のマイクロバス（27人乗り）、他は公用車。
○「やまもと民話マップ　改訂版」を作る。
○紙芝居『中浜小学校物語　NO2』制作。

**平成28年**（2016）
○5月、町内民話巡り・浜通り。町のマイクロバス、他は公用車。
○大平地区の昔を聞く（明光院にて）。明光院住職・宮部龍祐氏（大正9年生まれ）のお話。
○11月、町内民話巡り・山通り。町のマイクロバス、他は公用車。

**平成29年**（2017）
○2月25日、東京学芸大学教授石井正己先生による「復興を支える民話の力」と題してのお話及び岩本由輝・小野和子・渡邉修次の各先生方を囲んでのシンポジウム。参加者80名をこえた。

**平成30年**（2018）
○2月、渡邊悦子さん入会。
○3月、やまもと民話の会20周年のつどい「大震災をのりこえ、民話を語りつぐ」

―会員募集中―

# 講演者・執筆者紹介

## 庄司アイ（しょうじ・あい）

一九三四年、相馬市生まれ。保育士、一九九五年三月退職後、家庭文庫たんぽぽの家を自宅で開く。みやぎ民話の会に二〇一五年までお世話になる。『司馬さんの昔ばなし』『荒保春の昔ばなし―伊達最南端に語りつぐ―』ほかがある。

## 菊池卓郎（きくち・たくろう）

一九五五年、山元町生まれ。教員として宮城県内の中学校歴任。二〇一六年山元町立山下中学校校長途中退職、同年十月一日、教育長に就任する。

## 岩本由輝（いわもと・よしてる）

一九三七年生まれ。経済学博士。山形大学教授を経て、東北学院大学名誉教授。『近世漁村共同体の変遷過程』『もう一つの遠野物語』『東北開発１２０年』『歴史としての相馬』『歴史としての東日本大震災』ほか、著書多数。

## 小野和子（おの・かずこ）

一九三四年生まれ。七〇年より東北地方の民話採訪活動。七五年みやぎ民話の会設立、現在は同会顧問。『みちのく民話まんだら』『長者原老媼夜話』『みやぎ民話の会叢書　第一集～第一四集』の監修と著作等、著書多数。

## 渡邉修次（わたなべ・しゅうじ）

一九五一年生まれ。元山元町立山下中学校長。自宅流出にもかかわらず、震災時より避難所の運営にあたる。退職後、被災地の救援活動に奔走。やまと語りべの会を立ち上げ、現在まで代表。「震災を語りつぐ」講演活動を継続している。

## 加藤恵子（かとう・けいこ）

一九四七年、仙台市生まれ。みやぎ民話の会会員。「民話声の図書室」プロジェクトチーム。共編著『「母の昔話」を語り継ぐ　みやぎ民話の会叢書第九集』（みやぎ民話の会）、『民話一次伝承者による語りの記録報告書』（宮城県博物館：ミュージアム復興実行員会）等がある。

## 野村敬子（のむら・けいこ）

山形県真室川町生まれ。女性をテーマに口承文芸の実感・実証的研究を行う。『渋谷ふるさと語り』『語りの廻廊』『栃木口語り』『中野ミツさんの昔語り』『間中一代さんの栃木語り』『老いの輝き』ほか、著書多数。

## 森博子（もり・ひろこ）

一九三七年、山元町生まれ。祖母に育てられ、ざっと昔を聞く。「ほととぎすの兄弟」が一番得意で、語りの終わりは「こんできまり」。

## 武田良子（たけだ・りょうこ）

一九四一年、亘理町荒浜生まれ。町の歴史資料館勤務にて、民話の会の世話役をしたのが縁で民話の会に入る。

## 岩佐知恵（いわさ・ともえ）

一九五四年、北海道日高生まれ。地元の方言に早くなじみたいと願っている。入会して一年余りになる。

## 萱場裕子（かやば・ひろこ）

一九五五年、山元町生まれ。母親たちの震災証言のまとめ、文字化を手伝っているうちに入会する。

## 菅野みさ子（かんの・みさこ）

一九四八年、山元町生まれ。父親の昔ばなしが耳に残る。「あたたか山の狐」が得意。

## 星美知子（ほし・みちこ）

一九三九年、仙台市生まれ。腹話術で民話を語る。お人形の名前は「きょうちゃん」。

## 渡邊悦子（わたなべ・えつこ）

一九六〇年、山元町生まれ。入会して一年、地元のお話がいっぱい知りたい。

## 増澤真理子（ますざわ・まりこ）
一九三〇年生まれ。「歌うしゃれこうべ」が得意。民話の会設立よりの大先輩。

## 岩佐勝（いわさ・まさる）
一九五〇年、山元町生まれ。地元・坂元中学校校長を最後に教員生活を終える。現在、防災拠点山下地域交流センター「つばめの杜ひだまりホール」館長。

## 武田あき子（たけだ・あきこ）
一九三五年、亘理町生まれ。エーコープ山下店勤務後、主婦業。震災の体験を語りついでいる。

## 伊藤静枝（いとう・しずえ）
一九四八年、鳴子町生まれ。震災時は家内工場で製袋業を別棟に持ち、仕事をしていた。復興後は坂元駅前団地に住宅を建て、趣味の菜園や手芸に忙しい。

## 岩佐年明（いわさ・としあき）
一九四六年、山元町生まれ。郵便局勤務を定年退職。震災時、山元町花釜区区長。行政区の復興に尽力。

## 志小田恵子（しこだ・けいこ）
一九四三年、台湾に生まれる（父親は飛行士）。震災後、「カタクリ舎・よつずみの会」を立ち上げ、織物教室を自宅で開く。

## 椎谷照彦（しいや・てるひこ）
一九四三年、東京生まれ。戦争で角田市に疎開。父親戦死。震災時、山元町合戦原区区長。震災後は名取市に移る。現在、名取市愛の杜連合町内会会長。

## 鈴木寿子（すずき・としこ）
一九五八年、相馬市生まれ。現在、新地町駒ケ嶺小学校勤務。子どもたちに昔ばなしを語ると目を輝かしてくれる、それがうれしい。

## 竹澤永（たけなが・えい）
一九四七年、新地町生まれ。民話を聞くことが大好きで会に入った。新地町には昔ばなしがいっぱいある。

## 村上美保子（むらかみ・みほこ）
一九四九年、秋田・横手に生まれる。新地町釣師で一三〇年以上の老舗旅館「朝日館」のおかみとして震災まで家業に励む。震災後、体験を語る（四〇〇ヶ所を超える）。現在、「東北お遍路こころのみち」理事。

## 松崎せつ子（まつざき・せつこ）
一九三〇年、丸森町生まれ。小学校教員を定年少し前に退職。民生委員二一年、その他地域ボランティア等に。丸森ざっと昔の会の立ち上げでは、夫とともに現会長の片腕として活躍。民話は父親の昔語りが原点。

## 笠間みつ（かさまつ・みつ）
一九四三年、丸森町生まれ。農協婦人部で丸森の食材を活用した「惣菜即売所」を出した主要メンバー。大根のうす切りで巻く漬け物が好評。遠くから来られるお客もあって、いつも完売。民話語りは何でもござれだが、「屁ったれ嫁ご」は圧巻。

## 寺嶋重子（てらしま・しげこ）
一九三七年、山元町生まれ。農業に従事するかたわら、若妻会から婦人会等のリーダーとして活躍。「一本棒の子ども」が得意。

## 門間裕子（もんま・ゆうこ）
一九五三年、山元町生まれ。小学校教員。震災当日、中浜小学校一年生を担任。児童とともに校舎屋上物置部屋で一夜を過ごす。同年三月退職。自宅のあった磯地区は壊滅、岩沼市に自宅再建、岩沼在住。

## 小田嶋利江（おだじま・としえ）
東京都生まれ。みやぎ民話の会会員。東北民俗の会会員。土地に生きる個人の記憶の聞き書きを模索する。せんだいメディアテーク・みやぎ民話の会協働の「民話声の図書室」に参加。編著に『山内郁翁のむかしかたり』『升澤にくらす』等がある。

**玉田誠司（たまだ・せいじ）**
一九八一年生まれ。兵庫県福崎町役場職員。平成二九年度に、自治法派遣として宮城県山元町での復興支援に従事する。休日には防災士として被災地での復旧作業や、防災訓練、イベント等の場で防災の普及啓発活動をしている。

**川島秀一（かわしま・しゅういち）**
一九五二年生まれ。博士（文学）。東北大学教授を経て、同大学シニア研究員。『ザシキワラシの見えるとき』『漁撈伝承』『カツオ漁』『追込漁』『津波のまちに生きて』『安さんのカツオ漁』『海と生きる作法』ほか、著書多数。

**大野眞男（おおの・まきお）**
一九五四年生まれ。日本語学・社会言語学を専攻。岩手大学教授。共編『方言を伝える―3・11東日本大震災被災地における取り組み』、共著「方言語彙の継承と教育」『シリーズ日本語の語彙8』、論文に「グローバル化と文法概念」『國學院雑誌』第一一九巻第一一号ほか、多数。

**高橋隆一郎（たかはし・りゅういちろう）**
一九六二年生まれ。東京学芸大学附属図書館勤務。著書『シドニーレポート　法情報・人権・図書館』、論文「図書館の復興とは、そして被災地域の復興における図書館の力とは」（『共生と修復』第五号、共著）など。

**長嶋俊介（ながしま・しゅんすけ）**
一九四九年生まれ。奈良女子大学大学院教授を経て、鹿児島大学名誉教授。前日本島嶼学会会長。現場学を旨として被災地・沿岸域には頻繁に訪れている。『水半球の小さな大地』『世界の島大研究』『豊かさの生活学』ほか、著書多数。

編者紹介

石井正己（いしい・まさみ）

1958年、東京生まれ。東京学芸大学教授、一橋大学大学院連携教授、柳田國男・松岡家記念館顧問、韓国比較民俗学会顧問。日本文学・民俗学専攻。最近の単著に『100 de 名著ブックス 柳田国男 遠野物語』（NHK 出版）、『ビジュアル版 日本の昔話百科』（河出書房新社）、『昔話の読み方伝え方を考える』（三弥井書店）、『菅江真澄と内田武志』（勉誠出版）、編著に『博物館という装置』（勉誠出版）、『菅江真澄が見た日本』（三弥井書店）、『世界の教科書に見る昔話』（三弥井書店）がある。

やまもと民話の会（やまもとみんわのかい）

1997年、宮城県亘理郡の山元町歴史民俗資料館企画展「むかしむかし、ざっと昔」に協力者として参加し、終了後、1998年、やまもと民話の会として発足。町内に残る民話の採話・再話を行い、町内外の保育所・学校・施設等への訪問を続け、語る会「聞きさございん」を毎月開催する。2011～12年、『小さな町を呑みこんだ巨大津波』第1集～第3集を刊行し、2013年、小学館から1冊にまとまって再刊される。庄司アイを代表として、現在は会員10名で活動している。

復興と民話　ことばでつなぐ心

平成31年3月5日　初版発行

定価はカバーに表示してあります。

ⓒ編　者　石井正己・やまもと民話の会

発行者　吉田敬弥

発行所　株式会社 三弥井書店

〒108－0073 東京都港区三田3－2－39

電話03－3452－8069

振替00190－8－21125

ISBN978-4-8382-3347-2 C0037　整版・印刷　エーヴィスシステムズ